십계명

아더 핑크

십계명
The Ten Commandments

발행일	2017년 6월 30일 초판
	2017년 6월 30일 전자책
지은이	아더 핑크 (Arthur W. Pink)
옮긴이	정시용
발행인	정시용
발행처	프리스브러리
전자우편	info@prisbrary.com
홈페이지	www.prisbrary.com
후원계좌	씨티은행 533-50447-264-01

Copyright ⓒ 프리스브러리, 2017, Printed in Korea.
ISBN 978-89-6774-031-3 (03230)

이 도서의 국립중앙도서관 출판예정도서목록(CIP)은 서지정보유통지원시스템 홈페이지(http://seoji.nl.go.kr)와 국가자료공동목록시스템(http://www.nl.go.kr/kolisnet) 에서 이용하실 수 있습니다. (CIP제어번호 : CIP2017015182)

이 책의 성경 구절은 보다 정확한 내용 전달을 위해 원문에 사용된 성경 구절을 직접 번역하여 실었습니다.

차례

십계명

들어가는 글 ·· 5

제1장_첫 번째 계명 ··· 19

제2장_두 번째 계명 ··· 25

제3장_세 번째 계명 ··· 34

제4장_네 번째 계명 ··· 43

제5장_다섯 번째 계명 ··· 51
    1. 다섯 번째 계명의 범위
    2. 부모의 의무

제6장_여섯 번째 계명 ··· 69

제7장_일곱 번째 계명 ··· 76

제8장_여덟 번째 계명 ··· 85

제9장_아홉 번째 계명 ··· 94

제10장_열 번째 계명 ··· 102

율법과 성도

들어가는 글 ··· 113

제1장_율법과 은혜 ·· 118
    1. 과도한 세대주의
    2. 율법과 은혜의 혼동
    3. 율법의 정의
    4. 도덕법

제2장_율법 폐기론의 오류 ·· 134
    1. 율법과 성도의 관계
    2. 로마서 2장 12~14절
    3. 로마서 6장 14절
    4. 로마서 7장 4~6절
    5. 로마서 10장 4절
    6. 고린도후서 3장
    7. 갈라디아서
    8. 골로새서 2장 14절
    9. 디모데전서 1장 9절
    10. 요약

제3장_율법과 성도 ·· 163
    1. 마태복음 5장 17~19절
    2. 로마서 3장 31절
    3. 로마서 7장 22~25절
    4. 로마서 8장 3~4절
    5. 로마서 13장 8~10절
    6. 고린도전서 9장 19~22절
    7. 갈라디아서 5장 13~14절
    8. 에베소서 6장 1~3절
    9. 디모데전서 1장 8절
    10. 히브리서 8장 8~10절
    11. 야고보서 2장 8절
    12. 요한일서 2장 6절

들어가는 글

지난 19년 동안 이미 도덕법에 관해 많은 글을 썼지만, 여전히 십계명을 주제로 한 글이 필요하다는 생각이 들었습니다. 하나님께서 이 주제를 매우 중요하게 다루시기도 하고, 십계명이 우리 마음과 생각과 삶에 올바른 위치를 차지하지 않는 한 믿는 자가 경건함을 회복하고 믿지 않는 자가 도덕성을 발견할 가능성은 거의 없기 때문입니다. 또, 지인들의 요청도 있었고, 많은 사람이 〈세대주의자〉와 〈도덕률 폐기론자〉의 잘못된 가르침을 받아들이고 있기 때문이기도 합니다.

그리스도인의 삶에 없어서는 안 될 두 가지가 있습니다. 하나는 경건의 의무를 확실하게 아는 것이며, 다른 하나는 아는 지식을 양심적으로 실천하는 것입니다. 말씀에 순종치 아니하는 자가 영원한 구원을 확신할 수 없듯이, 말씀에 대한 바른 지식이 없는 자는 그것에 어떻게 순종해야 하는지 확신할 수 없습니다. 실천 없는 지식은 있을 수 있지만, 지식 없는 실천은 불가능합니다. 그러므로 우리가 〈해야 할 일〉과 〈하지 말아야 할 일〉을 널리 알리는 사역은 우리 행실을 규제하기 위해 율법을 주신 하나님을 기쁘게 해드리는 일이라고 생각합니다. 우리가 창조되었을 때 마음에 새겨져 있던 율법은 인간의 타락으로 말미암아 완전히 훼손되어 대부분 잃어버리고 말았습니다. 그래서 하나님은 성경을 통해 다시 율법을 내려주시고 그것을 열 가지 계명으로 정리해주셨습니다.

1) 십계명의 공표

우선 십계명이 어떻게 공표되었는지 살펴보겠습니다. 십계명이 이스라엘 백성에게 공식적으로 전해진 방식은 매우 경이롭고 시사하는 바가 큽니다. 먼저 그들은 하나님을 뵙기 전에 이틀 동안 자신을 정결하게 하도록 명령받았습니다. (출 19:10~11) 이처럼 하나님의 규례와 말씀을 받으려고 기다릴 때는 먼저 우리 마음과 생각이 준비되어 있어야 합니다. 이스라엘 백성이 시내 산에서 하나님을 뵙기 위해 자신을 정결하게 해야 했듯이, 우리도 천국에 계신 하나님을 뵈려면 마땅히 자신을 정결하게 해야 합니다. 또한, 하나님께서 임하신 거룩한 산에 경계선을 둘러 아무도 접근하지 못하도록 엄격히 통제한 것은 하나님께서 우리보다 무한히 높으시며 그분의 율법이 그만큼 엄격하다는 사실을 시사합니다. (출 19:12~13)

다음으로 여호와께서 그분의 율법을 전해주시기 위해 무시무시한 모습으로 나타나신 장면이 나오는데(출 19:18~19), 이것은 하나님의 권위를 드러내는 동시에 하나님께서 율법을 주실 때 보이신 모습처럼 장차 그것을 어긴 자들을 심판하러 오실 때도 두려운 모습으로 나타나실 것을 보여줍니다. 하나님께서 십계명을 주실 때 백성은 너무도 두려워서 모세에게 하나님과 그들 사이에서 중재자가 되어달라고 간청했습니다. (출 20:18~19) 이것은 우리가 율법을 하나님께 직접 받으려면 정죄와 죽음의 공포를 느끼지만, 중재자이신 그리스도를 통해 받으면 그것을 기쁘게 듣고 순종할 수 있다는 사실을 암시합니다. 그런 이유로 모세는 홀로 산으로 올라가 두 개의 석판에 하나님의 손가락으로 새겨진 율법을 받았습니다. 이것은 우리의 마음도 석판처럼 단단해서 하나님의 손가락이 아니면 그분의 율법을 새길 수 없다는 것을 의미합니다. 그런데 이 석판은 모세의 거룩한 분노로 깨어지고 말았으며(출 32:19), 하나님은 그것을 다시 써주셨습니다.(출 34:1) 이것은 우리가 창조되었을 때 본래 마음에 새겨져 있었던 율법이 아담의 타락으로 깨어졌으며, 거듭남을 통해 다시 마음에 기록되는 것을 상징합니다.(히 10:16) 하지만 어떤 사람은 이렇게 질문할 것입니다.

> 그리스도께서 세상에 오심으로 율법은 완전히 폐지되지 않았나요? 우리에게 아무도 질 수 없는 무거운 속박의 멍에를 짊어지게 할 작정인가요? 우리는 율법 아래 있지 않고 은혜 아래 있다고 신약이 분명히 말하지 않나요? 우리를 자유롭게 하려고 그리스도께서 율법을 짊어지신 것이 아닌가요? 십계명을 율법주의적으로 적용해서 우리 양심을 억압하고 구세주께서 죽기까지 복종하심으로 우리에게 주신 그리스도인의 자유를 빼앗을 속셈입니까?

그리스도께서 이 세상에 오셨다고 해서 율법이 폐지된 것은 결코 아닙니다. 주님께서 직접 이렇게 강조하셨습니다.

> 내가 율법이나 선지자를 폐하러 왔다고 생각하지 마라. 폐하러 온 것이 아니라 성취하려 함이다. 내가 진실로 너희에게 말하

니, 하늘과 땅이 없어지기 전에 율법이 모두 성취되기까지 한 점 한 획도 결코 없어지지 않을 것이다. (마 5:17~18)

그리스도인은 〈행위 언약〉이나 〈정죄의 수단〉으로써 율법 아래 있는 것은 아니지만, 〈삶의 규범〉과 〈성화의 수단〉으로써 율법 아래 있습니다.

2) 십계명의 특징

십계명은 이처럼 시내 산에서 하나님이 직접 계시해주신 것입니다. 하나님은 모든 시대의 사람들이 그분의 거룩하심을 높이고 경건한 삶을 살도록 십계명을 지침으로 주셨습니다. 하나님께서 십계명을 주실 때 경이로운 현상을 일으키신 것은 하나님께서 그것을 특별히 중요하게 여기신다는 사실을 분명히 보여줍니다. 십계명은 하나님께서 육성으로 말씀하신 것이며, 모세가 그것을 받을 때 구름과 어둠, 천둥과 번개, 나팔 소리 등과 같은 현상이 일어났습니다. 이런 현상은 십계명이 하나님께서 주신 신성한 계시이며 다른 의식법이나 규례와는 구별된 것임을 나타냅니다. 율법 중에서 오직 이 열 가지 계명만이 하나님께서 직접 손가락으로 석판에 적어주시고 법궤에 넣어서 보관된 것입니다. 이처럼 특별하게 취급된 사실을 통해 우리는 십계명이 하나님의 통치에서 매우 중요한 역할을 한다는 것을 알 수 있습니다.

3) 십계명의 원천

십계명의 원천은 사랑입니다. 이것은 십계명의 서문에 분명히 명시되어 있는데 대부분 이 사실을 간과합니다.

> 하나님께서 이 모든 것을 말씀하셨다. 〈나는 너희를 애굽의 땅, 곧 노예의 집에서 구해낸 여호와 너희 하나님이다.〉 (출 20:1~2)

비록 율법을 공표하실 때 하나님은 무섭고 장엄한 모습을 보이셨지만, 그럼에도 율법은 사랑에 기초를 두고 있습니다. 율법에는 하나님의 의로우신 성품과 은혜로운 성품이 함께 담겨 있으며, 하나님의 구원은 주님이 정하신 질서에서 벗어나지 않습니다. 십계명에 담긴 하나님의 사랑을 깨달아야만 구원하신 하나님과 구원받은 백성 사이에 온전한 관계가 형성될 수 있습니다. 두 번째 계명의 마지막 부분에 〈나를 사랑하고 내 계명을 지키는 자에게는 천 대까지 자비를 베풀 것이다〉라는 말을 보면, 하나님은 오직 사랑하는 마음에서 우러나온 순종만을 받아 주신다는 것을 분명히 알 수 있습니다. 구세주께서는 율법을 〈우리가 전심으로 하나님을 사랑하고 이웃을 자신처럼 사랑하는 것〉이라고 한마디로 요약하셨습니다.

4) 십계명의 영속성

십계명은 모든 시대의 사람에게 똑같이 적용됩니다. 첫째, 하나님의 정직함이 변함없듯이 하나님께서 주신 율법의 권위도 변하지 않으며, 하나님의 성품이 바뀌지 않는 한 그분의 율법도 폐지될 수 없습니다. 이 율법은 인간이 창조될 때부터 주어진 것이며, 타락한 이후에도 인간은 그것에서 벗어나지 않았습니다. 이성과 의지를 부여받은 피조물이 있는 곳이라면 어디라도 사회관계가 존재하며, 도덕법은 그런 관계를 바탕으로 만들어진 것입니다. 둘째, 그리스도께서 직접 율법에 온전히 순종함으로써 우리도 그분의 발자취를 따르라는 모범을 남기셨습니다. 셋째, 바울 사도는 이방인에게 보내는 편지에서 노골적으로 〈우리가 믿음으로 율법을 폐하느냐?〉라고 물었으며, 그 대답으로 〈그것은 하나님께서 허락하지 않으셨으며, 우리는 율법을 굳게 세운다〉(롬 3:31)라고 했습니다. 마지막으로, 율법의 영속성은 우리가 거듭날 때 하나님께서 그것을 우리 마음에 새겨주신 사실을 통해 분명히 알 수 있습니다.

5) 십계명의 완전함

지금까지 십계명의 〈공표〉, 〈특징〉, 〈원천〉, 〈영속성〉을 살펴보았고, 이제는 십계명의 〈완전함〉을 나타내는 숫자 10에 대해 살펴보겠습니다. 성경에는 이 율법이 〈십계명〉이란 이름으로 분명히 강조되어 있으며(출 34:28), 이것은 그 자체로 부족하지도 넘치지도 않게 완전하다는 의미가 담겨 있습니다. 하나님께서 애굽을 심판하실 때 내리신 재앙도 정확히 열 개였으며, 그것은 하나님의 완전한 심판을 의미합니다. 하나님께서 히브리인이 광야에서 반역한 것을 정확히 열 번 참아주신 것도 같은 이유에서입니다. 그들이 〈열 번째 죄를 지었을 때〉(민 14:22) 그들의 죄악은 한계에 도달했습니다. 십일조도 마찬가지입니다. 전체 소득에서 십 분의 일은 하나님께서 우리에게 베풀어주신 모든 것에 감사하는 표시로써 주님을 위해 성별된 것입니다.

6) 십계명의 구분

하나님께서 하시는 일에는 항상 이유가 있으며, 따라서 십계명을 두 개의 석판에 나누어 기록하신 것도 하나님께서 특별히 계획하신 것입니다. 첫 번째 석판에는 하나님에 대한 의무가, 두 번째 석판에는 사람에 대한 의무가 적혀 있습니다. 앞의 내용은 하나님을 경배하는 일에 관한 것이며, 뒤의 내용은 사회에서 인간관계와 관련된 것입니다. 하나님께서 마땅히 받으셔야 할 영광을 올려드리지 않은 채 그저 이웃에게 해를 입히지 않는다고 해서 그것이 의로운 일이 되는 것이 아닙니다. 마찬가지로 이웃에 대한 사랑을 실천하지 않은 채 하나님을 경배하는 척하는 것 역시 헛된 일입니다. 우리가 아무리 간음하지 않고 순결을 지킨다고 해도 여호와의 이름을 헛되이 부른다면 아무 소용이 없으며, 아무리 정성을 다해 예배를 드려도 도둑질과 거짓말을 그만두지 않으면 하나님은 우리의 예배를 받지 않으십니다.

첫 번째 석판에 기록된 계명은 단순히 하나님께 경배하는 의무를 나열하기만 한 것이 아닙니다. 칼빈은 그것을 〈신앙의 머리〉라고 하였으며 〈믿음에 생명력과 활력을 불어넣는 신앙의 정수〉라고 하였는데, 이는 하나님을 두려워하는 마음이 없으면 인간은 사랑과 정의를 유지할 수 없기 때문입니다. 긍휼한 마음이 없다면 인간이 아무리 정의롭고 자비를 베풀며 금욕을 하더라도 하나님의 눈에는 모두 헛되게 보일 뿐입니다. 하지만 하나님께서 옳고 그름을 판결하시는 재판관으로서 우리 마음과 삶에 온전히 자리 잡고 계시면, 우리는 이웃에게 언제나 바르게 대할 수 있습니다. 십계명을 네 번째 계명에서 나누어야 할지 다섯 번째 계명에서 나누어야 할지에 대해서는 의견이 분분합니다. 저는 개인적으로 다섯 번째 계명에서 나누어야 한다고 생각합니다. 부모는 어린아이에게 하나님의 역할을 대신하기 때문입니다. 또, 〈이웃〉이란 우리와 동등한 입장에 있는 사람을 말하는데, 성경은 부모를 가리켜 〈이웃〉이라고 표현하는 구절이 없습니다. 그리고 앞의 다섯 계명에는 〈여호와 너의 하나님〉과 같은 표현이 포함됐지만, 뒤의 다섯 계명에는 그런 표현이 없습니다.

7) 십계명의 영성

율법은 영적입니다. (롬 7:14) 그것을 제정하신 분이 영적이기 때문일 뿐 아니라, 그것이 단지 외적인 행동 이상의 것을 요구하기 때문입니다. 즉, 율법은 우리의 행위뿐 아니라 마음으로도 완전하게 지켜야 하는 것입니다. 우리 마음속의 생각과 욕망을 십계명에 비추어보면, 우리는 마음으로 얼마나 많은 죄를 범하고 있는지 깨닫게 됩니다. 하나님은 〈내면의 진실〉(시 51:6)을 요구하시며 상상으로라도 거룩함을 훼손하는 일을 금하십니다. 율법이 우리의 가장 은밀한 의도를 파악하고 우리 마음과 생각과 의지를 거룩하게 규제하며 사랑에서 우러나온 순종을 요구하는 것을 보면, 그것이 하나님께서 주신 것임을 확신할 수 있습니다. 율법 외에 다른 어떤 법도 인간의 심령까지 살피지 않습니다. 하지만 하나님은 우리 마음속의 모든 것을 살피십니다. 그리스도께서도 음란한 눈으로 여자를 보는 것만으로도 간음한 것이며 악의에 찬 분노는 〈살인하지 마라〉라는 계명을 어긴 것이라고 말씀하심으로써 율법의 영적 기준이 얼마나 높은지 알려주셨습니다.

8) 십계명의 역할

첫째, 도덕법이 하는 역할은 하나님께 용납되는 의가 무엇인지 보여주는 동시에 우리의 불의함을 깨닫게 하는 것입니다. 죄는 우리의 판단력을 멀게 해 우리 마음을 자기애로 가득 채우며 스스로 충분하다고 착각하게 만듭니다. 하지만 우리가 진지하게 하나님의 율법이 요구하는 지극히 높고 거룩한 기준에 자신을 비추어보면, 우리의 오만함과 죄악을 직시하고 우리에게는 하나님의 율법을 온전히 지킬만한 힘이 부족하다는 것을 깨닫게 됩니다.

> 그러므로 율법은 거울과 같다. 그것을 통해 우리는 자신의 무력함과 불의를 깨닫고, 우리가 심판을 받아야 할 만큼 악에 물들었다는 사실을 알게 된다. (칼빈)

둘째, 율법은 악인의 죄악을 억제하기 위한 것입니다. 악인 중에는 비록 하나님의 기쁨과 영광에는 전혀 관심이 없지만, 형벌을 받는 것이 두려워 흉악한 범죄를 자제하는 자들도 있습니다. 그렇다고 그들이 하나님께 인정받는 것은 아니지만, 이것을 통해 그들이 살고 있는 사회는 유익을 얻습니다.

셋째, 율법은 믿는 자를 올바른 삶으로 인도하며, 그들이 하나님의 은혜를 의지하며 살도록 합니다.

9) 십계명의 구속력

하나님은 우리를 죄에서 해방하시고 주님의 놀라움을 보여주심으로 그분의 주권을 경외하게 하셨을 뿐 아니라, 또한 우리로 하여금 주님의 명령에 기꺼이 복종하고 주께서 금하신 것을 혐오하며 하나님의 권위를 인정할 수 있도록 다양한 약속과 경고를 주셨습니다.

> 나 여호와 너의 하나님은 질투하는 하나님이니, 나를 미워하는 자에게는 삼사 대까지 벌을 내리고, 나를 사랑하고 내 계명을 지키는 자에게는 천 대까지 자비를 베풀 것이다. (출 20:5)

이처럼 하나님의 명령에 순종하는 자는 결코 헛되지 않으며,

하나님께 반역하는 자는 처벌을 면치 못할 것입니다.

10) 십계명의 해석

주님의 명령은 심히 광대합니다. (시 119:96)

도덕법은 매우 광범위해서 우리 삶의 모든 도덕적인 행동에 영향을 미칩니다. 사실 구약의 나머지 부분은 십계명의 내용을 해석하고, 우리가 그것에 복종하도록 설득하며, 그것을 지켰을 때 하나님이 주시는 약속과 어겼을 때 받을 형벌에 관해 알려주고, 역사적인 모범 사례를 제시하는 역할을 한다고 해도 과언이 아닙니다. 또한, 신약의 가르침은 십계명을 풀어서 설명하고 확장하고 적용하는 것이라 할 수 있습니다. 하나님께서 무언가를 명령하시거나 금지하셨을 때는 항상 명시된 구절보다 더 많은 구체적인 내용이 내포되어 있습니다.

우선 각 계명에 대표적으로 명시된 의무와 죄는 그보다 하위에 있는 모든 의무와 죄가 포함된 것이며, 심지어 그것과 관련된 모든 감정까지 포함한 것입니다. 한 가지 구체적인 죄가 명시되어 있다면, 그것과 유사한 모든 죄와 더불어 모든 동기까지 금지되는 것입니다. 그리스도께서도 여섯 번째 계명을 설명하실 때 실제로 살인을 저지른 것뿐 아니라 마음속으로 분노를 품은 것조차 죄로 여기셨습니다. 또, 성경에서 어떤 죄를 금지했을 경우에 그것과 반대되는 선행을 적극적으로 실천해야 하며, 반대로 어떤 선행을 명령했을 경우에는 그것과 반대되는 죄 또한 멀리해야 합니다. 예를 들어, 세 번째 계명에서 하나님은 그분의 이름을 헛되이 부르는 것을 금하셨으며, 이것은 하나님의 이름을 적극적으로 거룩하게 여겨야 한다는 것도 포함합니다. 그리고 여덟 번째 계명에서 도둑질을 금지하신 것에는 열심히 땀 흘려 일하며 우리가 취하는 모든 것에 대해 정당한 대가를 지급해야 한다는 의미도 포함됩니다. (엡 4:28)

첫 번째 계명

하나님께서 이 모든 것을 말씀하셨다. 〈나는 너희를 애굽의 땅, 곧 노예의 집에서 구해낸 여호와 너희 하나님이다.〉(출 20:1~2)

이 구절은 도덕법의 서문에 해당하며 열 가지 계명과 더불어 매우 중요한 것으로써 우리가 하나님의 계명에 복종해야 하는 이유를 담고 있습니다. 당시에는 왕이나 통치자가 어떤 공문을 발표할 때 사람들이 더욱 큰 관심을 가지도록 자신의 이름과 직함을 가장 첫 부분에 명시하였습니다. 그래서 왕 중의 왕이신 위대한 하나님께서도 백성에게 율법을 공표할 때 자신의 이름을 명시하여 그것을 보는 사람들이 하나님의 권위를 존중하고 전능하고 놀라우신 주님의 이름으로 제정된 법을 감히 어기지 못하도록 하셨습니다. 이 사실은 모세가 이스라엘에게 전한 말에 분명히 담겨 있습니다.

> 너희는 여호와 네 하나님의 영광스럽고 놀라운 이름을 두려워하라. (신 28:58)

〈여호와〉라는 단어는 지존하고 영원하며 자존하신, 〈전에도 계셨고 지금도 계시며 앞으로 오실〉(계 4:8) 분을 뜻합니다. 〈하나님〉이란 단어는 〈엘로아〉의 복수 형태인 〈엘로힘〉인데, 이것은 하나님께서 본질상 하나이면서 세 위격을 지니신 분임을 뜻합니다. 그리고 이 지존하신 여호와께서 다름 아닌 〈너의 하나님〉이라고 하십니다. 이는 과거에는 여러분의 창조자이셨고, 현재는 여러분의 통치자시며, 미래에는 여러분의 심판자가 되시기 때문입니다. 또, 하나님은 그분과 언약을 맺은 택한 자에게 구원자가 되시기도 합니다. 하나님은 우리를 〈노예의 집〉에서 구해내신 분이며 우리는 그분의 권위를 두려워하고 은혜에 감사하며 기꺼이 하나님의 율법에 복종해야 합니다.

> 너는 내 앞에 다른 신을 두지 마라. (출 20:3)

이것이 첫 번째 계명입니다. 이 명령이 무엇을 의미하는지 간략히 살펴보겠습니다. 여기서 〈너희는〉이 아니라 〈너는〉이라고 단수형으로 되어 있는 것은 이 계명이 각 사람에게 별도로 적용되는 것을 의미합니다. 〈너는 다른 신을 두지 마라〉라는 명령은 곧 다른 어떤 것도 신으로서 소유하거나 추구하거나 원하거나 사랑하거나 경배해서는 안 된다는 것입니다. 여기서 〈다른 신〉이란 것은 정말로 신적인 존재가 아니라, 〈그들의 신은 곧 자기 배다〉(빌 3:19)라는 말씀처럼 타락한 인간의 마음이 신으로서 떠받드는 것들을 말합니다. 〈내 앞에〉란 말의 의미는, 하나님께서 아브라함에게 〈너는 내 앞에 행하며, 완전하게 되어라〉(창 17:1)라고 하신 말씀에서 볼 수 있듯이, 항상 하나님의 눈이 우리를 지켜보고 있다는 사실을 인식하며 행하라는 뜻입니다. 이것은 매우 의미심장한 말입니다. 우리는 겉으로 경건한 척하며 사람들 눈에 바르게 보이기만 하면 쉽게 만족하곤 합니다. 하지만 여호와께서는 우리의 내면을 살피시기에 우리는 마음속에 있는 은밀한 욕망과 숨은 우상을 하나님께 감출 수 없습니다.

이제 첫 번째 계명을 통해 우리가 적극적으로 수행해야 할 의무를 알아보겠습니다. 간단히 말해, 우리는 오직 여호와 하나님만을 섬기고 경배해야만 합니다. 하나님은 여러분의 창조주이자 통치자이며 지극히 높으신 경배의 대상입니다. 하나님은 다른 어떤 존재도 그분과 견주는 것을 허락하지 않으십니다. 그렇기 때문에 이 계명을 지키는 것은 매우 당연한 일이며, 반대로 이것을 어기는 일은 심히 어리석은 짓입니다. 우리는 여호와를 우리 하나님으로 삼으며 오직 하나님만 사랑하고 하나님만으로 만족해야 합니다. 다른 어떤 것보다 하나님을 더욱 사랑하며, 하나님을 최고로 여기고, 하나님의 주권에 전적으로 순종해야 합니다. 하나님 앞에서 게으름과 위선을 버리고 최선을 다해서 신실하게 하나님을 경배해야 합니다.

첫 번째 계명이 요구하는 의무는 웨스트민스터 대요리문답에 가장 잘 요약되어 있습니다.

> 하나님은 오직 한 분이신 참 하나님이며, 우리의 하나님이시며, 따라서 우리는 생각, 묵상, 기억, 높임, 존경, 숭배, 선택, 사랑, 갈망, 두려움, 믿음, 신뢰, 소망, 기쁨, 즐거움, 열정, 부르짖음, 찬양과 감사로써 하나님께 영광과 경배를 드려야 한다. 또한, 하나님께 전심으로 순종하고 복종하며, 하나님을 기쁘시게 하기 위해 최선을 다하고, 하나님이 모욕을 당할 때 슬퍼하며, 겸손히 하나님과 동행해야 한다.

이것을 정리해보면 다음과 같습니다. 첫째, 하나님께서 계시하신 말씀과 사역을 통해 하나님에 대한 지식을 부지런히 쌓아야 합니다. 알지 못하는 하나님을 경배할 수는 없기 때문입니다. 둘째, 우리의 모든 힘과 능력과 기쁨과 열정을 다해 하나님을 사랑해야 합니다. 셋째, 하나님을 두려워해야 합니다. 하나님의 장엄함에 놀라워하며, 하나님의 권위를 존경하고, 하나님의 영광을 소망해야 합니다. 하나님을 사랑하는 것이 순종을 이끌어내며, 하나님을 두려워하는 것이 불순종을 막아줍니다. 넷째, 하나님께서 지정하신 방식에 따라 경배해야 합니다. 하나님께서 지정하신 방식은 〈말씀 묵상〉, 〈기도〉, 〈실천〉입니다.

너는 내 앞에 다른 신을 두지 마라.

이것은 오직 참 하나님 외에 하늘이나 땅에 있는 어떤 것에게도 마음을 빼앗기거나, 사랑에 빠지거나, 의존해서는 안 된다는 뜻입니다. 오직 하나님께 속한 것을 다른 대상에게 돌려서는 안 됩니다. 또한, 인간은 두 주인을 섬길 수 없기 때문에 하나님과 다른 대상을 동시에 사랑해서도 안 됩니다. 이 계명이 금지하는 죄는, 첫째, 하나님과 친밀해지는 수단을 소홀히 여김으로써 하나님과 그분의 뜻을 무시하는 죄입니다. 둘째, 무신론을 믿거나 하나님을 부인하는 죄입니다. 셋째, 우상숭배 또는 거짓 신을 모시는 죄입니다. 넷째, 불순종과 아집 및 하나님께 반항하는 죄입니다. 다섯째, 하나님 외의 다른 대상에게 지나치게 몰입하거나 마음을 빼앗기는 죄입니다.

이런 자들은 자신만의 상상력으로 가공의 하나님을 만들어내는 우상 숭배자이며 첫 번째 계명을 범한 자들입니다. 삼위일체 하나님을 부인하는 유일신교도Unitarian가 그렇습니다. 구세주의 어머니에게 기도하며 교황에게 죄를 용서할 권세가 있다고 주장하는 로마 가톨릭교도가 그렇습니다. 인간의 의지를 하나님의 신성보다 우월하다고 여기는 알미니우스 신학자 중 대다수가 그렇습니다. 쾌락주의자들이 그렇습니다.(빌 3:19) 외적인 우상뿐 아니라 내적인 우상도 존재합니다.

> 이들은 자기 마음에 그들의 우상을 세웠다.(겔 14:3)

탐욕은 우상숭배이며(골 3:5), 같은 이유로 모든 부도덕한 욕망도 우상숭배입니다. 자기 자신이든 돈이든 명성이든 쾌락이든 친구든, 오직 주님께만 향해야 할 우리의 마음을 사로잡고 있는 대상이 바로 우리가 섬기는 〈신〉입니다. 그렇다면 여러분의 신은 무엇입니까? 여러분은 무엇을 위해 삶을 헌신하고 있습니까?

두 번째 계명

너는 새긴 우상을 만들지 말며, 위로 하늘에 있는 것이나 아래로 땅에 있는 것이나 땅 아래 물속에 있는 어떤 형상도 만들지 말며, 그것에게 절하거나 그것을 섬기지 마라. 나 여호와 너의 하나님은 질투하는 하나님이니, 나를 미워하는 자에게는 아비로부터 삼사 대 자손에게까지 악행을 벌하며, 나를 사랑하고 내 계명을 지키는 자에게는 천 대까지 자비를 베풀 것이다. (출 20:4~6)

두 번째 계명은 첫 번째 계명과 밀접한 관련이 있지만, 둘 사이에는 뚜렷한 차이점이 있습니다. 첫 번째 계명이 참 하나님을 우리의 하나님으로 정하는 것과 관련되었다면, 두 번째 계명은 하나님을 섬기는 방법에 관한 것입니다. 첫 번째 계명은 경배의 대상을 확정하는 것이고, 두 번째 계명은 종교적인 예배 형태를 확정하는 것입니다. 첫 번째 계명을 통해 여호와께서 스스로 참 하나님이신 것을 선포하셨으며, 두 번째 계명을 통해서는 하나님이 어떤 분이신지 밝히시고 어떻게 경배해야 하는지 알려주셨습니다.

너는 새긴 우상을 만들지 말며, 그것에 절하지 마라.

이 계명은 인간의 마음에 뿌리 깊게 자리 잡고 있는 마치 질병과도 같은 우상 숭배의 욕망을 억제하기 위한 것입니다. 다시 말해, 인간은 하나님을 경배할 때 주님이 지정하신 것을 넘어서서 눈으로 보고 손으로 만질 수 있는 물질적인 형상의 도움을 받으려는 욕망을 지니고 있습니다. 인간이 형상을 만들려는 습성을 지니게 된 이유는 자명합니다. 하나님은 형체가 없고 눈에 보이지 않으며 오직 영적으로만 인지할 수 있는데, 타락한 인간은 영적으로 죽어 있기 때문에 자연스레 육신적인 방법을 따라가는 것입니다. 하지만 성령님께서 소생시킨 자는 완전히 다릅니다. 살아계신 하나님의 실체를 확실히 아는 자는 어떠한 우상도 필요로 하지 않습니다. 그리스도와 매일 교제하는 자는 기도하기 위해 주님의 초상화가 필요하지 않습니다. 그런 자는 상상력이 아니라 믿음으로 주님으로 바라봅니다.

너는 새긴 우상이나 어떠한 형상도 만들지 마라.

이 말씀이 세상에 존재하는 모든 형태의 조각상이나 그림을 정죄한다고 생각하는 것은 지나친 해석입니다. 〈너는 그것에 절하지 마라〉라는 표현에서 볼 수 있듯이 만드는 것보다 그것에 경배하는 것이 죄입니다. 하나님께서도 십계명을 주시고 얼마 뒤에 이스라엘 백성에게 〈금을 두드려서「그룹」두 개를 만들어 법궤를 장식하게 했으며〉(출 25:18), 후에는 놋 뱀도 만들게 하셨습니다. 하나님은 영이시며 눈에 보이지 않고 전능하신 존재이기 때문에 눈에 보이는 물질로 하나님의 형상을 만들어 그분을 제한하는 것은 잘못된 것이며 존귀하신 하나님을 모욕하는 일입니다. 하나님은 〈우상 숭배〉라는 가장 부패한 죄악을 금하심으로 다른 모든 잘못된 예배 방식도 함께 금지하신 것입니다. 하나님께 합당한 예배는 어떠한 미신적인 의식으로도 더럽혀져서는 안 됩니다.

사실 두 번째 계명은 〈하나님은 영이시니, 그분을 예배하는 자는 반드시 영과 진리로 예배해야 한다)(요 4:24)라는 말씀을 반대로 표현한 것이나 마찬가지입니다. 그렇다면 두 번째 계명은 실천하기 위해 우리는 무엇을 해야 할까요? 웨스트민스터 대요리문답에는 이렇게 정리되어 있습니다.

> 우리는 하나님께서 그분의 말씀에 제정하신 모든 신앙생활과 규범을 완전하고 순수하게 받아들이고 따르고 지켜야 한다. 특별히 그리스도의 이름으로 기도하고 감사하며, 말씀을 읽고 선포하고 들으며, 성례를 준수하고, 교회를 다스리고 훈육하며, 교회를 돌보고 유지하며, 금식하고, 오직 하나님의 이름으로만 맹세하며, 하나님께만 절해야 한다. 또한 모든 거짓 경배를 멀리하고 배척해야 하며, 각자 처한 곳에서 거짓 경배와 모든 우상을 제거해야 한다.

추가로 우리는 예배의 자리에 참석할 때 철저히 준비해야 하고 바른 마음가짐을 지녀야 합니다.(전 5:1) 예를 들어, 우리는 그저 호기심을 충족하기 위해 말씀을 읽거나 들어서는 안 되며, 오직 하나님을 더욱 기쁘시게 해드리는 법을 배우기 위해 말씀을 묵상해야 합니다.

하나님은 우상이나 형상을 금지하심으로써 사실상 주님이 지정하지 않으신 다른 모든 예배 방식이나 수단을 금하신 것입니다. 하나님의 말씀과 어긋나는 예배, 바울 사도가 소위 〈자의적 경건〉이라고 부른 예배, 부패한 예배, 미신적인 예배는 설사 그것이 하나님께 드리는 것이라고 해도 모두 〈두 번째 계명〉을 범하는 것입니다. 하나님은 어떤 영역에서도 예배를 위해 인간이 무언가 만들어내는 것을 허락하지 않으셨습니다. 그리스도께서도 종교적인 목적으로 손을 씻는 행위를 하나님께서 정하신 규범에 인간이 멋대로 덧붙인 것으로 여기며 정죄하셨습니다. 마찬가지로, 두 번째 계명에 의하면 현대에 유행하는 의식주의(단순한 예배에 복잡한 형식을 덧붙이는 것), 마법적인 현상, 성찬을 통해 특별한 영향을 받는다고 여기는 것, 그리스도가 못 박힌 십자가를 사용하는 것도 잘못되었습니다. 또, 두 번째 계명에 의하면 예배를 소홀히 하고 하나님의 명령을 수행하지 않는 것도 잘못되었습니다.

성경은 우리에게 예배의 경계선을 분명히 정해주고 있으며, 우리는 그것에서 더하거나 빼서는 안 됩니다. 이 원칙을 적용할 때는 예배의 본질적인 요소와 부수적인 요소를 명확히 구분할 필요가 있습니다. 하나님을 예배할 때 성경에 기록되지 않은 요소를 인간이 덧붙인 행위는 모두 잘못된 것입니다. 예를 들면, 예수님의 이름 앞에 무릎 꿇고 절하는 것, 십자가에 못 박히는 체험을 하는 것 등이 있습니다. 하지만 비록 성경에 명시되어 있지 않더라도 영적인 예배의 근엄함과 헌신을 훼손하지 않는 한에서 다양한 환경에 따라 예배의 예절과 순서 등 부수적인 변경 사항은 지켜도 무방합니다. 암브로스는 이렇게 제안했습니다.

> 당신의 심령이 상하거나 혹은 다른 사람의 심령을 상하게 하는 일이 아니라면, 당신이 출석하는 교회에서 행해지는 모든 정당한 관습에 순응하라.

하나님께서 지정해주신 어떠한 예배의 규범이라도 무시하는 것은 〈두 번째 계명〉 어기는 것입니다. 또한, 위선적인 마음으로 예배에 참석하는 것도 〈두 번째 계명〉을 어기는 것입니다. 예를 들면, 아무런 감흥도 없고, 머리는 잡생각으로 가득하고, 거룩한 열정도 없으며, 불신을 품은 채 입술로만 하나님을 높이고 마음은 하나님에게서 멀리 떨어져 있는 것입니다.

우리가 이 계명을 따라야 하는 이유는 세 가지가 있습니다. 첫 번째 이유는 이 계명을 어긴 자에게 심판을 선고하시는 분에게서 찾을 수 있습니다. 하나님은 히브리어로 〈강한 자〉란 의미를 지니고 있으며 하나님의 명예를 모욕하는 자에게 징계를 내리실 능력을 지니셨습니다. 또, 하나님과 우리의 관계는 혼인 상태로 비유되며, 주님은 〈질투하는 하나님〉이시기에 신실하지 않은 자를 벌하십니다. 주님은 인간적인 방식으로 자신을 모욕하는 자를 용서하지 않겠다고 말씀하셨습니다.

> 그들이 이방 신들로 하나님의 질투를 일으켰으며, 혐오스러운 것으로 하나님의 분노를 일으켰다. 그들이 신이 아닌 것으로 나의 질투를 일으켰다. (신 32:16, 21)

둘째, 하나님께서 이 계명을 어기는 자에게 〈나 여호와 너의 하나님은 질투하는 하나님이니, 나를 미워하는 자에게는 아비로부터 삼사 대 자손에게까지 악행을 벌하겠다〉라고 경고하셨기 때문입니다. 여기서 〈벌한다〉라는 말은 하나님께서 섭리를 통해 인간의 악행을 무시하거나 잊지 않고 계속 지켜보신다는 것을 비유적으로 표현한 것입니다.

> 내가 어찌 이 일들에 대해 벌하지 않겠느냐? 내 영이 어찌 이런 민족에게 보복하지 않겠느냐? 여호와의 말씀이다. (렘 5:9, 렘 32:18, 마 23:34~36 참조)

이런 경고의 목적은 인간의 자연적인 감성에 호소하여 우상 숭배를 멀리하게 하려는 것입니다.

주님의 의로운 저주는 불경건한 자 개인뿐 아니라 그의 가족 전체에게 임한다. (칼빈)

자식에게 하나님에 대한 잘못된 개념이나 모범을 물려주는 것은 매우 끔찍한 일입니다. 형벌은 잘못을 저지른 만큼 받습니다. 자식은 부모가 저지른 죄뿐 아니라 부모의 모범을 보고 똑같이 따라 지은 자신의 죗값도 짊어져야 합니다.

셋째, 하나님은 이 계명을 지키는 자에게 〈나를 사랑하고 내 계명을 지키는 자에게는 천 대까지 자비를 베풀 것이다〉라는 은혜로운 축복을 약속하셨기 때문입니다. 주님은 또한 〈의인은 온전함 가운데 행하며, 그의 후손은 복을 받는다〉(잠 20:7)라고 하셨습니다. 하나님의 계명을 지키는 것이야말로 하나님을 사랑한다는 확실한 증거입니다. 가톨릭 신자는 형상을 사용하는 목적이 눈에 보이는 모습을 통해 하나님을 향한 사랑을 더하려는 것이라고 주장하지만, 하나님께서는 오히려 그들이 하나님을 미워하기 때문에 그런 짓을 하는 것이라고 말씀하십니다. 이삭이 불경건한 에서를 낳고 다윗이 압살롬을 낳은 것을 통해 알 수 있듯이, 하나님께서 그분을 진실로 사랑하는 자의 후손에게 천 대까지 자비를 베푸신다는 약속은 보편적인 원칙을 말하는 것은 아닙니다.

> 하나님께서 이 율법을 제정하신 의도는 그분의 자유로운 선택을 제한할 만한 불변의 규칙을 정하시려는 것이 아니다. 이것은 하나님을 경배하는 자에게 베풀어주시는 영원하고 지속적인 애정에 대한 증거를 보여주시기 위한 것이다. (칼빈)

참고로 다른 성경 구절(유 1:14 참조)처럼 여기서도 하나님은 그분을 사랑하고 계명을 지키는 자의 수를 말할 때 인간이 흔히 하는 것처럼 〈수백만〉이라 하지 않고 〈수천〉이라는 표현을 사용하셨습니다. 이처럼 하나님의 무리는 매우 〈적은 수〉입니다. (눅 12:32) 그러니 자녀에게 하나님의 진노가 아니라 기도의 보물을 쌓아주는 경건한 부모에게서 태어난 것이 얼마나 감사한 일인지 모릅니다!

세 번째 계명

너는 여호와 네 하나님의 이름을 헛되이 부르지 마라. 여호와는 그의 이름을 헛되이 부르는 자를 죄 없다 하지 않을 것이다.

(출 20:7)

두 번째 계명이 하나님을 올바른 방식으로(즉, 계시하신 뜻에 따라) 경배하는 방법에 관한 것이었다면, 이 계명은 올바른 마음가짐으로 하나님을 경배하라고 명령합니다. 우리는 하나님을 경배할 때 지극히 높고 장엄하신 주님의 품위에 걸맞게 가장 신실하고 겸손하고 경외하는 마음으로 경배해야 합니다.

> 너희는 여호와 네 하나님의 영광스럽고 놀라운 이름을 두려워
> 하라. (신 28:58)

우리는 고귀하고 거룩한 경외심을 품고 하나님을 생각해야 합니다.

> 이 계명의 목적은 주님께서 우리로 하여금 그분의 존귀한 이름을 신성하게 여기도록 하기 위한 것이다. 우리가 하나님에 대해서 생각하거나 내뱉은 모든 말은 하나님의 신성하고 위대한 이름을 음미하며 그분의 존귀함을 칭송하는 것이어야 한다. (칼빈)

우리는 하나님에 관한 것이라면 무엇이든 매우 진지한 태도로 이야기해야 합니다.

그렇다면 우선 이 계명에 포함되는 범위가 어느 정도 되는지 알아보겠습니다. 여호와 우리 하나님의 이름 속에는 그분의 말씀, 직분, 성품, 법규, 사역 등 하나님께서 우리에게 그분에 관해 알려주시려는 모든 것이 담겨 있습니다. 하나님의 이름은 그분의 존재 자체를 상징합니다. (시 20:1, 시 135:3, 요 1:12 등) 때로는 하나님의 이름이 진리의 모든 체계를 대표하는 경우도 있습니다. 〈우리가 여호와 우리 하나님의 이름 안에서 행할 것이다〉(미

4:5)라는 구절에서는 하나님께서 가르쳐주신 모든 진리와 예배 방식을 의미합니다. 또, 〈저는 아버지께서 제게 주신 사람들에게 아버지의 이름을 나타내었습니다〉(요 17:6)라는 구절에서는 하나님의 이름이 천상의 가르침을 의미합니다. 하지만 일반적으로 하나님의 이름은 우리가 하나님을 부를 때 사용되는 호칭을 말합니다. 그리고 〈하나님의 이름을 부르다〉라는 표현은 하나님을 생각하거나 하나님에 대해 이야기하는 것을 뜻합니다. 〈하나님의 이름을 헛되이 부르지 마라〉라는 것은 반대로 말하면, 〈하나님의 이름은 최고의 경외심으로 생각과 말과 행실을 거룩하게 하며 불러야 한다〉라는 뜻입니다.

따라서 이 계명을 다루기 전에 하나님의 이름에 관해 알아볼 필요가 있습니다. 하나님은 우리에게 은혜롭게도 자신에 대해 많은 것을 알려주셨습니다. 그런데도 그것을 무시하고 제대로 이용하지 않는다면 가장 큰 특권을 멸시하는 것이나 마찬가지입니다. 자기가 무엇을 믿는지 확실히 고백하지도 않고 하나님의 영광과 관련된 것을 배우려 하지도 않는 자는 지극히 높으신 분을 무시하는 죄를 범하는 것입니다. 우리는 예배를 드리거나 각자 기도하거나 종교적인 서약 또는 엄숙한 맹세를 할 때 하나님의 이름을 사용합니다. 우리는 기도하며 하나님께 가까이 나아갈 때 자신을 낮추며 하나님의 완전하심을 사모해야 합니다. 아브라함(창 19:27), 야곱(창 32:10), 모세(출 15:11), 솔로몬(왕상 8:33), 히스기야(왕하 19:15), 다니엘(9:4), 천국의 상속자들(계 4:10~11)이 그러하였습니다. 이 계명은 하나님을 깎아내리는 모든 생각, 하나님을 의미 없고 경솔하고 불경스럽게 언급하는 것, 하나님의 말씀을 오용하는 것, 하나님의 섭리에 투덜대는 것, 하나님의 계시를 남용하는 것을 금지합니다.

그러면 하나님의 이름을 헛되이 부르는 것은 구체적으로 무엇인지 살펴보겠습니다.

첫째, 적절한 목적이 없이 함부로 하나님의 이름을 사용하는 것입니다. 하나님의 이름, 직함, 성품은 오직 두 가지 목적을 위해 사용되어야 하는데, 하나는 하나님의 영광을 위한 것이며, 다른 하나는 우리의 교화를 위한 것이어야 합니다. 이 두 가지 외에 다른 어떤 경우에라도 하나님의 이름을 남용하는 것은 영광과 존귀로 충만하신 하나님의 위대하고 거룩한 이름을 언급하기에 충분한 이유가 되지 않으며, 따라서 경솔하고 악한 행동입니다. 우리의 말이 하나님의 영광이나 듣는 사람의 유익을 위한 것이 아니라면, 형언할 수 없는 하나님의 이름을 우리 입술에 담는 것은 옳지 않습니다. 우리가 헛된 목적으로 하나님의 이름을 언급하는 일은 하나님을 매우 불쾌하게 하는 것입니다. 존경하는 마음이 없이 대수롭지 않게 하나님의 이름을 언급하는 일도 주님의 이름을 헛되이 부르는 것입니다. 하나님의 이름을 언급할 때마다 우리는 주님 앞에서 자기 얼굴을 가렸던 천사들처럼 진지하고 엄숙하게 하나님의 무한한 영광과 장엄함을 생각하며 하나님 이름 앞에 마음을 낮추어야 합니다. 하나님의 위대한 이름을 대수롭지 않게 생각하고 내뱉는 사람이 너무 많습니다. 평소에 헛되고 무익한 수다만 늘어놓는 자들이 어떻게 하나님의 이름을 존귀하게 여길 수 있겠습니까? 하나님의 이름을 장난스럽게 가벼운 말투로 이야기해서는 안 됩니다. 성도 여러분, 평소에 여러분이 하나님의 이름을 말할 때 그것을 진지하게 여기는 습관을 들이십시오. 하나님은 그분의 이름을 함부로 내뱉는 자들을 죄 없다 하지 않으십니다.

둘째, 스스로 하나님의 백성인 척 하면서 실제로는 아닌 위선자들이 하나님의 이름을 이야기하는 것도 헛되이 부르는 것입니다. 옛 이스라엘 백성이 이 죄를 지었습니다.

너희는 이것을 들어라, 야곱의 집아, 너희는 이스라엘이란 이름으로 불리며, 유다의 허리에서 나왔고, 여호와의 이름으로 맹세하며, 이스라엘의 하나님을 언급하지만, 그것이 진실하지도 않고 의롭지도 않다. (사 48:1)

그들은 하나님의 이름을 불렀지만 그 이름에 담긴 계시에 순종하지는 않았으며, 따라서 세 번째 계명을 어기는 것입니다. (마 7:22~23 참조) 우리는 하나님의 이름을 부르기만 하는 것이 아니라, 그 이름에 담긴 의미에 합당한 삶을 살아야 합니다. 그렇지 않으면 주님은 우리에게〈어째서 너희는 내게「주님, 주님」이라고 부르면서 내가 말한 것은 행하지 않느냐?〉(눅 6:46)라고 말씀하실 것입니다. 마찬가지로, 거룩한 일을 행할 때 마음이 담기지 않은 채 가볍고 형식적으로 하는 것 역시 이 계명을 어기는 일입니다. 실천이 없는 기도는 신성모독이며 마음은 다른 곳에 있으면서 입술로만 하나님께 이야기하는 것은 주님을 모욕하는 일이고 우리의 죄를 더하는 행위입니다.

셋째, 하나님의 이름을 마치 사람의 이름처럼 가볍게 여기면서 맹세할 때 사용하거나, 또한 하나님의 이름으로 거짓 맹세를 하여 위증죄를 짓는 경우도 하나님의 이름을 헛되이 부르는 것입니다. 법정에서 하나님의 이름으로 선서하고 증인으로 섰을 때, 진실인지 확실히 모르는 것을 진실이라고 증언하거나 혹은 거짓인 것을 알면서 진실이라고 증언한다면, 그것은 마치 거짓의 아비 마귀의 말을 위대하신 하나님보고 증언하라고 하는 격이며, 따라서 그는 인간이 저지를 수 있는 최악의 죄 중 하나를 범하는 것입니다. 〈땅에서 맹세하는 자는 진리의 하나님으로 맹세하는 것이며〉(사 65:16), 따라서 우리는 자신이 증언하는 내용이 진실인지 아닌지 잘 생각하고 말해야 합니다. 아, 사람들은 갈수록 맹세를 지나치게 남발하며 그것을 지키지 않는 것이 너무도 당연한 일처럼 여겨지고, 이런 죄가 얼마나 심각한 것인지 생각하는 사람은 거의 없습니다.

> 너희는 마음속으로 이웃에 대해 악한 생각을 품지 말고, 거짓 맹세를 사랑하지 말지니, 이 모든 것을 내가 증오하기 때문이다. 여호와께서 말씀하셨다. (슥 8:17)

그러면 이렇게 습관처럼 맹세를 남발하며 욕설과 신성모독으로 우리의 귀를 괴롭게 하는 사람들의 무리에 대해 무슨 말을 해야 할까요? 그들의 목구멍은 열린 무덤이고, 혀로는 속이는 일을 일삼으며, 입술에는 독사의 독을 머금고, 입은 저주와 독설이 가득합니다. (롬 3:13~14) 그들이 〈딱히 다른 사람에게 피해를 주는 것은 아니다〉, 〈남들도 모두 그렇게 한다〉, 〈그냥 분풀이로 내뱉는 말이다〉라는 식으로 변명해도 소용없습니다. 그들의 말과 행동은 단지 여러분의 화만 돋우는 것이 아니라 하나님의 진노를 불러일으키는 것입니다! 친구들이 비난하거나 경찰이 체포하거나 판사가 형을 선고하지는 않더라도, 여호와는 그분의 이름을 헛되이 부르는 자를 죄 없다 하지 않으십니다.

> 그가 저주를 사랑했으니, 그것이 그에게 임하게 하소서. 그가 저주를 옷처럼 입었으니, 그것이 물처럼 그의 창자에 스며들게 하소서. (시 109:17~18)

하나님은 이런 죄를 끔찍하게 싫어하시며, 지금 이 나라는 이런 끔찍한 죄가 지극히 당연한 일처럼 곳곳에서 행해지고 있습니다. 거리를 지나거나 사람들과 어울리다 보면 하나님의 거룩한 이름이 조롱거리 취급당하는 경우가 너무도 많습니다. 오늘날의 소설, 무대, 방송에서는 하나님의 이름을 멸시하는 내용을 자주 볼 수 있으며, 하나님은 이런 끔찍한 죄 때문에 우리에게 심판을 내리실 것입니다. 하나님은 옛 이스라엘 백성에게 〈저주 때문에 땅이 애곡한다. 광야의 초장은 말라버리고, 그들의 행위는 악하다〉(렘 23:10)라고 하셨습니다. 그리고 지금도 〈여호와는 그분의 이름을 헛되이 부르는 자를 죄 없다 하지 않으신다)라고 하십니다. 하나님의 이름을 헛되이 부르는 자는 현재 삶에서 형벌을 피한다고 할지라도 결국에는 내세에서 영원한 고통을 받을 것입니다.

네 번째 계명

안식일을 기억하고, 그것을 거룩하게 지켜라. 너는 여섯 날 동안 네 모든 일을 힘써 하라. 하지만 일곱째 날은 여호와 네 하나님의 안식일이니, 그 날에 너는 어떠한 일도 하지 마라. (출 20:8~10)

이 계명은 하나님께서 우리 시간의 주인이란 사실을 알려주며, 따라서 우리는 하나님께서 말씀하신 대로 시간을 사용해야 합니다. 그런데 이 계명은 두 부분으로 구성되어 있으며, 서로 직접적인 관련이 있습니다.

〈너는 여섯 날 동안 네 모든 일을 힘써 하라〉(「일해도 된다」가 아닙니다)는 〈안식일을 기억하고, 그것을 거룩하게 지켜라〉와 마찬가지로 하나님의 명령입니다. 우리는 하나님께서 섭리로 우리에게 허락하신 직업과 소명을 충실히 수행하며 맡은 일에 최선을 다해야 합니다. 하나님은 인간이 나태하게 시간을 낭비하지 않고 열심히 일하는 것을 원하십니다. 또한, 노동계가 주장하는 것처럼 주5일 근무가 아니라 여섯 날 동안 일해야 합니다.

일할 생각이 없는 사람은 하나님을 예배하기에 합당하지 않습니다. 예배가 우리를 일하기에 합당하게 해주듯이, 일은 예배로 나아가는 길을 닦아줍니다. 현대 사회에서 이런 내용이 너무도 쉽게 무시되는 것만 보아도 우리가 하나님의 이상적인 계획에서 얼마나 멀리 떨어져 있는지 알 수 있습니다. 여섯 날 동안 열심히 일할수록 일곱째 날의 안식은 그만큼 소중해집니다. 이처럼 안식일은 인간의 자유를 억압하기 위해 지정된 우울한 날이 아니라, 오히려 인간의 유익을 위해 만들어진 즐겁고 은혜로운 날입니다.

하나님은 우리가 일곱 날 중 하루 동안 세상의 고역에서 벗어나도록 은혜를 베풀어주셨습니다. 안식일을 통해 우리는 장차 영적으로 변화되었을 때 천국에서 누릴 안식을 이 세상에서 미리 맛보며, 또한 다음 한 주간 열심히 일할 수 있도록 새 힘을 얻습니다. 그러므로 인간의 시간을 규정하는 이 율법은 특정한 시대에 한정된 것이 아니라 모든 시대에 적용되는 것입니다. 안식일은 〈사람을 위해 만들어진 것〉(막 2:27)이며, 그저 유대인에게만 해당하는 것이 아니라 모든 인류를 위한 것입니다. 이처럼 네 번째 계명에 두 가지 의미가 담겨 있다는 사실은 다음 구절을 통해 더욱 확실해집니다.

> 이는 여섯 날 동안 나 여호와가 하늘과 땅과 바다와 그 안의 모든 것을 만들었고, 일곱째 날에 쉬었기 때문이다. (출 20:11)

이 구절에 담겨 있는 두 가지 의미를 눈여겨보십시오. 위대하신 창조주께서 모든 피조물이 참고해야 할 모범을 남겨주셨습니다. 하나님께서도 〈여섯 날 동안〉 일하셨고, 일곱째 날에 쉬셨습니다! 또한, 노동은 인간이 죄를 지은 결과 때문이 아니란 사실도 명심해야 합니다. 아담이 타락하기 전에 이미 하나님은 그에게 〈에덴동산의 가꾸고 지키는 일〉(창 2:15)을 맡기셨습니다.

네 번째 계명의 근거로 제시된 구절에서 분명히 알 수 있듯이, 이것은 특별히 이스라엘 민족에게만 국한된 계명이 아니라 모든 인류에게 주신 것입니다. 더욱이, 이 명령은 이스라엘의 의식법에 속한 것이 아니라 엄연히 도덕법에 속한 것입니다. 의식법은 그리스도를 상징하는 모형이었으며, 그리스도께서 오심으로 모두 성취되어 이제 우리와 상관이 없습니다. 하지만 도덕법은 하나님께서 직접 손가락으로 석판에 새기셨으며 영원히 지속하는 것입니다.

마지막으로, 이 계명의 내용 자체가 이것이 결코 유대인에게만 국한된 명령이 아님을 분명히 합니다. 당시 이스라엘 백성과 함께 거주하던 이방인들은 하나님과 언약 관계도 아니었으며 의식법을 지켜야 한 것도 아니었지만, 하나님은 그런 그들에게도 이 계명을 지키고 안식일을 거룩하게 지킬 것을 요구하셨습니다!

> 하지만 일곱째 날은 여호와 네 하나님의 안식일이니, 그 날에 너나 아들이나 딸이나 남종이나 여종이나 가축이나 네 집에 머물고 있는 나그네는 어떠한 일도 하지 마라. (출 20:10)

그런데 여기서나 성경의 다른 어디에서도 〈한 주의 제7일〉이라고 표현하지 않고 단순히 〈일곱째 날〉이라고 한 것에 유의해야 합니다. 다시 말해, 이것은 여섯 날 동안 일하고 난 다음의 하루를 의미하는 것입니다.

일곱째 날은 네 하나님의 여호와의 안식일이다.

유대인에게 안식일은 한 주의 제7일인 토요일이었지만, 우리에게는 안식일이 한 주의 제1일인 일요일입니다. 이것에 관해 히브리서 4장 8절에는 〈다른 날〉이라고 분명히 명시되어 있습니다. 이제는 안식일이 단지 천지창조를 기념하는 날일 뿐 아니라 그보다 더욱 위대한 구속 사역을 기념하는 날이기 때문입니다. 그래서 주님은 네 번째 계명을 말씀하실 때 유대인과 그리스도인 모두에게 적용되도록 표현하심으로 이 계명의 지속성을 강조하셨습니다. 그리스도인의 안식일은 토요일 자정부터 일요일 자정까지입니다. 요한복음 20장 1절에서 마리아가 무덤을 찾아간 때가 아직 해가 뜨기 전이었기 때문에 그리스도인의 안식일은 토요일 자정부터 시작한다고 할 수 있습니다. 또한, 요한복음 20장 19절에 예수님께서 제자들에게 나타나셨을 때도 안식 후 첫날(일요일) 저녁이었습니다. 따라서 우리의 예배도 일요일 저녁까지 계속되어야 합니다.

그리스도인의 안식일이 토요일 자정부터 시작된다고 해도 우리는 그 전에 미리 안식일을 맞이할 준비를 해야 합니다. 그렇지 않으면 어떻게 〈어떠한 일도 하지 마라〉라는 명령을 지킬 수 있겠습니까? 안식일에는 온종일 완전한 휴식을 취해야 합니다. 취미나 유흥뿐 아니라 업무와 관련된 편지를 쓰거나 신문을 보거나 세속적인 소설을 읽거나 신발을 닦거나 수염을 다듬는 등 모든 일을 멀리해야 합니다. (사 58:13) 또, 남편만 쉬는 것이 아니라 〈더 약한 그릇〉인 아내도 휴식을 취해야 하므로 요리를 하는 것도 삼가야 합니다. (출 16:23) 간단한 요리를 토요일에 미리 준비해놓으면 안식일에는 데우기만 하면 됩니다. 이렇게 함으로써, 우리는 안식일에 온전히 주님 안에서 기쁘고 자유롭게 보내며 하나님을 경배하고 섬기는 일에 전념할 수 있습니다. 또, 토요일 밤에도 늦게까지 일하거나 깨어있어 주일을 졸린 상태로 보내지 않도록 주의해야 합니다.

이 계명에 의하면 우리는 집에서도 가정 예배를 통해 하나님을 예배해야 한다는 사실을 알 수 있습니다. 다른 아홉 계명과 달리 이 계명은 특별히 집안의 가장에게 말씀하신 것으로 하나님은 그에게 가정의 모든 구성원이 안식일을 지키도록 관리하게 하셨습니다. 하나님은 모든 가장에게 더욱 직접적으로 〈안식일을 기억하고 거룩하게 지켜라〉라고 말씀하십니다. 안식일은 지극히 거룩하신 하나님을 높이기 위해 특별히 구분된 날이며,

하나님을 바라보고 묵상하고 찬양하는 일에 전념해야 합니다. 이날은 여호와께서 정하신 날이기 때문에 우리는 주님이 정하신 것에서 벗어나는 일을 자제해야 합니다. (시 118:24) 이 계명을 제대로 지키려면 대충 넘어가거나 소홀히 할 수 없으며, 따라서 이 계명을 신실하게 지킬수록 다른 아홉 가지 계명도 더욱 철저히 지킬 수 있게 됩니다.

안식일에 해도 되는 일은 오직 세 가지뿐입니다. 첫째, 소에게 먹이를 주는 일과 같이 전날 미리 해놓을 수도 없으며 다음날로 미룰 수도 없는 불가피한 일입니다. 둘째, 병자를 돌보는 일과 같이 우리를 필요로 하는 자에게 자선을 베푸는 일입니다. 셋째, 교회나 가정에서 하나님께서 마련해주신 모든 은혜의 수단을 이용해 기쁨과 감사로 하나님을 경배하는 경건한 일입니다. 우리는 마음을 부패시키고 잡다한 생각에 빠지게 하며 거룩한 의무를 게을리하게 만드는 사탄의 유혹을 경계해야 합니다. 하나님의 말씀을 묵상하고 우리에게 주신 것을 잘 보유할 수 있도록 열심히 기도하십시오. 여호와께서도 그분의 날을 거룩하게 지키는 자에게는 특별한 축복을 부어주셨으며, 반대로 안식일을 더럽히는 자들에게는 특별한 저주로 벌하셨습니다. (느 13:17~18) 지금 이 나라도 이런 상태로는 하나님의 저주를 피할 수 없을 것입니다.

> 안식일을 잘 지키면, 풍족한 한 주가 다가오고
> 힘든 노동을 견딜 새 힘을 얻는다.
> 하지만 안식일을 어기면, 무엇을 얻더라도
> 그것은 슬픔의 확실한 전조일 뿐이다.

다섯 번째 계명

1. 다섯 번째 계명의 범위

> 네 부모를 공경하라. 그러면 여호와 너의 하나님이 네게 주신 땅에서 너의 날이 길리라. (출 20:12)

부모를 공경하라는 이 계명은 보기보다 훨씬 넓은 범위를 담고 있습니다. 따라서 실제 부모뿐 아니라 다른 모든 윗사람을 공경하라는 의미로 해석해야 합니다.

이 계명의 목적은 여호와 하나님께서 세우신 상하 질서를 온전히 보존하려는 것이다. 그러므로 우리는 하나님께서 우리보다 높이신 자들을 마땅히 존경하며 공경과 순종과 감사를 표해야 한다. 하지만 이것은 타락한 인간의 본성에 매우 큰 거부감을 불러일으킨다. 인간은 자기를 높이려는 욕망이 너무도 커서 타인에게 복종하는 것을 인정하려 하지 않는다. 그래서 하나님은 우리에게 순종하는 습관을 쉽게 들이기 위해 가장 자애롭고 거부할 수 없는 윗사람인 부모를 예시로 제공해주신 것이다. (칼빈)

이 시대는 사회주의와 공산주의의 물결 속에서 불복종과 무법의 악한 영이 지배하는 때라, 다섯 번째 계명에 대한 이런 넓은 해석에 이의를 제기할 사람이 분명히 많을 것입니다. 우선 〈공경하는 것〉은 일차적으로 하나님께 속한 것입니다. 그리고 하나님께서 다른 이들보다 높이시고 직분을 수여해 다스리게 함으로써 고귀하게 하신 자들도 이차적으로 존경받을 자격을 얻습니다. 그러므로 우리는 그들도 부모처럼 존경해야 합니다. 성경에서도 〈공경〉이란 단어가 다양한 사람들에게 사용되었습니다. (딤전 5:17, 벧전 2:17 참조) 또, 여러 왕(삼상 24:11, 사 49:23), 주인(왕하 5:13), 복음 사역자(왕하 2:12, 갈 4:19)가 〈아버지〉라고 불렸습니다.

이처럼 하나님은 이 계명을 통해 우리에게 보편적인 행동 지침을 주셨다. 즉, 하나님께서 우리를 다스리도록 허락하신 자에게 우리는 최선을 다해 존경과 순종과 감사와 섬김을 보여야 한다. 그들이 존경받을 가치가 있는지 없는지는 중요하지 않다. 그들의 성품이 어떠하든, 최고 권위자이신 하나님께서 존경받도록 허락하시지 않았다면 그들은 결코 그 위치에 있지 못했을 것이다. 그리고 하나님은 특별히 우리를 이 땅에 태어나게 해준 부모에게 존경심을 가지도록 명하셨다. (칼빈)

물론, 여기서 말하는 의무는 상호적인 것으로 아랫사람뿐 아니라 윗사람도 상응하는 의무를 다해야 합니다. 하지만 지면이 한정된 관계로 이 책에서는 다만 아랫사람의 의무에 관해서 집중적으로 다루도록 하겠습니다.

첫째, 자녀는 부모에게 의무를 다해야 합니다. 자녀는 부모를 사랑하고 공경하며 존경하는 마음을 잃지 않도록 주의해야 합니다. 자식으로서 순수한 공경심은 아이들로 하여금 부모를 실망시키는 일을 멀리하려고 노력하게 합니다. 그리스도께서 보여주신 모범처럼 자녀는 부모에게 복종해야 합니다. (눅 2:51)

> 자녀들아, 모든 일에 부모에게 순종하라. 그것이 주님을 매우 기쁘시게 하기 때문이다. (골 3:20)

다윗은 왕으로서 기름부음을 받은 후에도 아버지의 지시를 따라 양을 돌보았습니다. (삼상 16:19) 그들은 부모의 지시에 따르며 그들의 경건한 생활을 본받았습니다. (잠 6:20) 그들은 말로써 존경심을 표하며 행동으로써 복종심을 드러냈습니다. 요셉은 애굽에서 높은 자리에 올랐을 때도 아버지를 뵈었을 때 얼굴을 땅에 대고 엎드려 절했습니다. (창 48:12) 솔로몬도 어머니를 공손히 맞이하였습니다. (왕상 2:19) 또, 자녀들은 능력이 닿는 한 연로한 부모의 궁핍함을 채워주어야 합니다. (딤전 5:16)

둘째, 하나님께서 세우신 통치자와 재판관에게 의무를 다해야 합니다. 이들은 하나님께서 권위를 부여하신 대리자입니다. 하나님은 〈나로 인해 왕들이 통치한다〉라고 말씀하십니다. (잠 8:15) 또한, 하나님은 사람들의 보편적 선을 위해 재판관을 임명하셨습니다. 그렇지 않으면 인간들은 포악한 야수처럼 서로를 해칠 것입니다. 하나님을 두려워하지 않는 자들도 재판관을 두려워하여 죄짓는 것을 자제하지 않겠습니까? 그들도 감옥에 가는 것은 두려워하지 않겠습니까? 그래서 우리는 조련 받은 사자와 호랑이 사이에 있는 것처럼 안전할 것입니다. 우리는 이 땅에서 재판관을 마치 하나님의 모습처럼 여기며 존경해야 합니다. 또, 그들의 권위와 직분을 인정하며 높이는 말을 해야 합니다. 악한 자들은 권위자를 멸시하는 말을 서슴지 않습니다. (벧후 2:10) 우리는 그들에게 순종해야 합니다.

> 너희는 주님을 위해 제도권에 있는 모든 사람에게 복종하라. 최고 권위를 지닌 왕이나, 혹은 그가 악인을 벌하고 잘하는 자에게 상 주기 위해 보낸 총독에게 복종하라. (벧전 2:13~14)

또, 조세를 바쳐야 할 자에게는 조세를 바치고, 관세를 바쳐야 할 자에게는 관세를 바치고, 두려워해야 할 자는 두려워해야 합니다. (롬 13:7) 그리고 그들을 위해 기도해야 합니다. (딤전 2:1~2)

셋째, 고용인은 고용주에게 의무를 다하며 그에게 복종해야 합니다.

> 종들아, 모든 일에 네 육신의 주인에게 복종하되, 사람을 기쁘게 하려고 눈가림으로 하지 말고 하나님을 두려워하며 한마음으로 복종하라. (골 3:22)

그들은 해야 할 일을 부지런히 하며 고용주의 유익을 위해 충성을 바쳐야 합니다. (딛 2:10, 엡 6:57) 질책과 징계를 받더라도 인내하며 거슬러 말하지 않아야 합니다. (딛 2:9) 하나님은 심지어 잘못한 일이 없이 질책을 받더라도 잠잠히 복종하라고 명하셨습니다.

> 종들아, 모든 두려움으로 네 주인에게 복종하라. 선하고 너그러운 자뿐 아니라 심술궂은 자에게도 그렇게 하라. 부당하게 괴로움을 겪더라도 하나님을 생각해서 슬픔을 참는다면, 그것은 칭찬받을 일이다. (벧전 2:18~19)

이런 것을 보면 우리가 얼마나 하나님의 기준에서 멀리 떨어져 있는지 알 수 있습니다!

마지막으로, 목회자와 그들의 양 떼 또한 상하 관계에 있으며 다섯 번째 계명에 해당합니다.

> 너희의 인도자를 따르고 그들에게 순종하라. 그들은 장차 하나님께 보고할 자로서 너희 영혼을 지키고 있기 때문이다. 그들이 괴로움이 아니라 기쁨으로 그 일을 할 수 있게 하라. 그렇지 않으면 너희에게 유익이 되지 않는다. (히 13:17)

그리스도께서는 그분의 종들에게 큰 권위를 주시며 〈너희 말을 듣는 자는 내 말을 듣는 것이고, 너희를 배척하는 자는 나를 배척하는 것이다〉(눅 10:16)라고 선포하셨습니다. 또한, 성경은 〈잘 가르치는 장로는 두 배의 존경을 받아야 하고, 특히 말씀과 가르침에 힘쓰는 자들은 더욱 그래야 한다〉(딤전 5:17)라고 합니다. 그리고 여기서 〈두 배의 존경〉에는 〈말씀을 배우는 자는 가르치는 자와 모든 좋은 것을 함께 나누어라〉(갈 6:6, 고전 9:11 참조)라는 말씀에서 볼 수 있듯이 명예뿐 아니라 생계를 위한 물질도 포함됩니다. 다음 말씀의 경고를 마음에 새기시기 바랍니다.

> 그들이 하나님의 사신을 멸시하고 그분의 말씀을 조롱하며 선지자들을 학대하였으므로, 여호와의 진노가 그분의 백성에게 치솟아 돌이킬 수 없게 되었다. (대하 36:16)

이 계명을 더욱 신실하게 지킬 수 있도록 하나님은 특별히 〈여호와 너의 하나님이 네게 주신 땅에서 너의 날이 길리라〉라는 약속을 주셨습니다. 첫째, 구약의 약속 대부분이 그렇듯이 이것은 천국을 상징하는 가나안처럼 복음에 약속된 영생을 가리키는 것입니다. 둘째, 신약에 반복해서 나온 것처럼 이것은 하나님께서 순종하고 거룩하게 사는 사람의 수명을 늘려주시겠다는 약속입니다. (엡 6:2~3, 벧전 3:10 참조) 셋째, 지상에서의 축복에 대한 모든 약속은 반드시 우리의 영원한 행복을 더하게 하는 경우에만 온전히 성취됩니다. 그렇지 않다면 그것은 약속이 아니라 오히려 위협이 될 것입니다. 그래서 때로는 하나님께서 은혜로써 이 약속을 거두시고 사랑하는 자를 그분의 품으로 일찍 데려가시기도 합니다.

2. 부모의 의무

다섯 번째 계명에는 자녀나 종이 윗사람에게 해야 할 의무뿐 아니라 부모나 주인이 아랫사람에게 해야 할 의무도 담겨 있습니다. 이것은 에베소서 6장 초반부의 다섯 번째 계명에 대한 해설에 분명히 명시되어 있습니다. 바울은 먼저 자녀가 부모에게 해야 할 의무로 시작해서 바로 이어 부모가 자식에게 해야 할 의무를 이야기하였고, 후에 종과 주인에 관한 내용도 마찬가지였습니다. 이 책에서는 부모와 자녀의 의무에 관해서만 다루겠습니다.

현대 문명의 가장 슬픈 비극 중 하나는 자녀들이 어린 시절에 부모에게 불순종하는 현상이 끔찍할 정도로 널리 퍼져 있으며 그들이 성인이 되고 나서는 부모를 전혀 존경하지 않는다는 것입니다. 심지어 그리스도인 가정에서도 이런 일이 흔하게 벌어집니다. 저는 지난 30년 동안 여러 곳을 다니며 다양한 가정에서 신세를 졌는데, 경건하고 거룩한 추억을 쌓은 곳이 있는 반면 매우 고통스러운 경험을 한 곳도 있습니다. 고집스럽고 버

릇없는 아이는 자기 인생만 불행한 것이 아니라 평생토록 주변의 모든 사람을 피곤하게 합니다.

대부분 집안에서 부모가 자식을 충분히 혼내지 않습니다. 자녀가 부모를 공경하지 않는 이유는 그들이 성경의 가르침대로 자녀를 양육하지 않았기 때문입니다. 요즘 아버지들은 가정에서 경찰관 역할은 하지 않고 그저 자식에게 먹을 것과 입을 것을 제공해주면 할 일을 다 했다고 생각합니다. 또, 어머니들은 자녀에게 집안일을 가르치지는 않고 마치 자식의 노예처럼 힘든 가사를 혼자 도맡아 하며, 딸이 자기가 해야 할 일은 하지 않고 까불며 방종 맞게 생활하도록 내버려 둡니다. 그 결과, 질서와 거룩함과 사랑이 지배해야 할 천국의 축소판인 가정은 누구 말처럼 〈낮에는 주유소, 밤에는 주차장〉으로 전락하고 말았습니다.

자녀에 대한 부모의 의무를 자세히 살펴보기 전에, 부모가 먼저 자신을 다스리는 법을 배우지 못하면 자녀를 제대로 훈육할 수 없다는 사실을 잊어서는 안 됩니다. 자기도 욕정에 사로잡혀 제멋대로 살면서 어떻게 자녀가 고집을 꺾고 분노를 가라앉히는 것을 기대할 수 있겠습니까? 자식은 부모의 성품을 거의 그대로 물려받습니다.

> 아담은 백삼십 세가 되었을 때 자기의 형상을 쫓아 자기를 닮
> 은 아들을 낳았다. (창 5:3)

자녀의 순종을 기대하기 전에 부모가 먼저 하나님께 복종해야 합니다. 성경은 이 원리를 반복해서 말합니다.

> 다른 사람을 가르치는 네가 너 자신은 가르치지 않느냐? (롬 2:21)

또, 목사나 감독에 대해서는 이렇게 기록되어 있습니다.

> 감독은 자기 집을 잘 다스리고 그의 자녀는 진지하게 복종하는
> 자라야 한다. 자기 집도 잘 다스리지 못하는 자가 어찌 하나님
> 의 교회를 돌보겠느냐? (딤전 3:4~5)

마찬가지로 부모가 자기 영혼도 다스리지 못한다면 어떻게 자녀를 제대로 돌볼 수 있겠습니까? (잠 25:28)

하나님은 부모에게 가장 엄숙한 책임과 가장 귀한 특권을 맡기셨습니다. 다음 세대의 소망과 축복 혹은 저주와 재앙이 그들의 손에 달려 있습니다. 가정은 교회와 국가를 위한 양성소와 같습니다. 부모가 자녀를 어떻게 기르는지에 따라 이후에 얻을 열매도 달라집니다. 부모는 그들에게 맡겨진 의무를 신실하고

주의 깊게 실천해야 합니다. 아이들은 본래 하나님의 소유이며 잠시 부모에게 위탁하신 것에 불과하기 때문에, 결국 그들에게 아이들에 대한 책임을 물으실 것입니다. 지금처럼 극도로 악한 시대에서 여러분에게 맡겨진 일은 결코 쉽지 않을 것입니다. 그래도 성실히 최선을 다하면 하나님께서 부족한 부분을 은혜로 채워주실 것입니다. 성경은 길잡이로 삼아야 할 규범, 굳게 붙들어야 할 약속, 가볍게 취급해서는 안 될 두려운 경고로 가득합니다.

이제 부모에게 맡겨진 네 가지 중요한 의무를 설명하고 이 장을 마치겠습니다.

첫째, 부모는 자녀를 가르쳐야 합니다.

> 너희는 내가 오늘 명령한 이 말씀을 마음에 새기고, 그것을 자녀에게 부지런히 가르치며, 집에 앉아 있을 때나 길을 걷거나 눕거나 일어날 때마다 그들에게 이야기하라. (신 6:6~7)

이것은 다른 사람에게 맡기기에는 너무도 중요한 일입니다. 하나님께서는 주일학교 교사가 아니라 부모에게 자녀의 신앙 교육을 맡기셨습니다. 또, 이 일은 가끔 생각날 때마다 하는 것이 아니라 항상 꾸준히 해야 합니다. 하나님의 영광스러운 성품, 거룩한 율법의 의무, 죄의 끔찍함, 하나님의 놀라운 선물인 독생자, 그리고 그리스도를 거부하고 멸시한 자들이 받을 무서운 형벌에 대해 어린 자녀에게 반복해서 가르쳐야 합니다. 〈아이들은 너무 어려서 그런 것을 이해하지 못합니다〉라는 말은 여러분이 해야 할 일을 방해하려는 마귀의 속임수입니다.

아비들아, 너희 자녀를 노엽게 하지 말고, 주님의 보살핌과 훈계로 양육하라. (엡 6:4)

특별히 〈아비〉들에게 이 말씀을 주신 이유는 두 가지 있습니다. 우선, 그들이 가정을 다스리는 머리이기 때문입니다. 또한, 그들이 이 의무를 아내에게 떠넘기려는 경향이 있기 때문입니다. 신앙 교육은 자녀들에게 성경을 읽어주고 그들의 나이에 맞게 설명해주면 됩니다. 그런 다음 문답식 질문으로 배운 내용을 확인합니다. 어린아이에게는 길게 이야기하면 지루해하기 때문에 질문과 답변으로 단조로움을 없애는 것이 효과적입니다. 아버지가 읽어준 내용에 관해 질문하리란 것을 알면 아이는 더욱 집중해서 들을 것이고, 스스로 답변을 찾으면서 생각하는 힘이 길러집니다. 이런 방법은 질문과 답변을 연결해서 생각하므로 기억에 오래 남습니다. 그리스도께서도 질문을 통해 제자들을 가르치셨습니다.

둘째, 훌륭한 가르침은 언제나 훌륭한 모범과 함께합니다. 입술로만 하는 교육은 한 귀로 듣고 흘려버릴 뿐입니다. 특히나 아이들은 부모의 모순된 행동과 위선을 발견하는 데 능숙합니다. 이때가 부모는 가장 하나님께 매달리며 은혜를 구해야 할 시기입니다. 자녀들에게 악영향을 끼칠만한 말이나 행동을 하지 않으려면 매우 세심한 주의를 기울여야 합니다. 여러분을 존경의 눈길로 바라보아야 할 자녀들이 오히려 경멸하는 눈빛으로 바라보게 할 만한 짓을 하지 않도록 항상 조심하십시오! 부모는 자녀에게 거룩한 길을 가르치기만 해서는 안 되며, 자기도 거룩한 삶을 살면서 하나님의 율법을 따라 사는 것이 얼마나 유익하고 행복한 일인지 직접 보여주어야 합니다.

그리스도인 가정의 가장 중요한 목표는 항상 하나님을 경외하는 경건한 집안이 되는 것입니다. 다른 모든 일은 이 목표를 이루기 위한 부차적인 것입니다. 가정생활에서 남편이든 아내든 한 쪽에게 가족의 신앙을 모두 떠넘길 수는 없습니다. 아이들은 보통 아버지보다 어머니와 함께 있는 것을 좋아하므로 아내는 남편의 수고를 덜어줄 의무가 있습니다. 남편은 지나치게 엄격하고 가혹한 경향이 있는 반면, 아내는 너무 느슨하고 관대해지기 쉽습니다. 아내는 남편의 권위를 깎아내리지 않도록 항상 주의를 기울여야 합니다. 남편이 자녀에게 무언가를 금했는데 아내는 그것을 허락하거나 해서는 안 됩니다. 에베소서 6장 4절의 아비들에 대한 권면에 앞서 바울은 〈성령으로 충만하라〉(엡 5:18)라고 했으며, 비슷한 권면인 골로새서 3장 21절도 앞에서 〈그리스도의 말씀이 너희 안에 풍성히 거하게 하라〉(골 3:16)라고 했습니다. 이것은 부모의 의무를 제대로 수행하기 위해서는 반드시 성령과 말씀으로 충만해야 한다는 의미입니다.

셋째, 부모는 자녀에게 가르침과 모범뿐 아니라 징계와 훈육도 병행해야 합니다. 이것은 자녀를 올바른 규율로 다스리며 부모의 권위를 세우는 것입니다. 신실하신 아버지이신 하나님은 이렇게 말씀하셨습니다.

> 이는 아브라함이 그의 자손과 가문에게 명하여, 그들이 여호와의 도를 지키고, 정의와 공의를 행하게 할 것을 내가 알며, 또한 〈여호와께서 아브라함에게 말씀하신 것〉을 그에게 이루게 하실 것을 내가 알기 때문이다. (창 18:19)

그리스도인 아버지들은 이 말씀을 깊이 묵상해야 합니다. 아브라함은 자기 가문에게 그저 좋은 조언만 해준 것이 아니라 법과 질서를 명령했습니다. 아브라함이 세운 규범은 자손들로 하여금 〈여호와의 길〉, 곧 하나님께서 보시기에 옳은 일을 행하도록 하려는 것이었습니다. 그리고 하나님의 축복이 그의 가문에 계속 임하도록 아브라함의 뒤를 이은 족장들은 이 의무를 성실히 수행했습니다. 상과 벌이 가미된 집안의 규율이 없으면 어떤 가정도 제대로 돌볼 수 없습니다. 특히 도덕성이 아직 형성되지 않은 어린아이일수록 규율은 더욱 중요합니다.

규율은 십계명처럼 단순명료하며 합리적이고 확고해야 하며, 사소한 규칙을 많이 세우는 것보다 적은 수의 확실한 도덕법을 세우는 것이 좋습니다. 부모의 변덕과 성질 때문에 수많은 사소한 규칙과 제한으로 불필요하게 자녀의 분노를 부추기는 것은 오히려 그들을 망치는 길입니다. 어린 시절 자녀에게 순종하는 법을 가르치는 것은 자녀의 미래를 위해 굉장히 중요한 일입니다. 순종하는 법을 배우지 못한 아이는 성인이 되어서도 법을 잘 지키지 않습니다. 어렸을 때 자기 멋대로 하도록 내버려둔 아이일수록 커서 감옥에 갈 확률이 높습니다. 아이가 가정의 규율을 어겼다면 반드시 적절한 체벌을 통해 바로잡아야 합니다. 하나의 잘못에 대해 관대하게 넘어간다면 다른 잘못을 저질렀을 때도 그냥 넘어가길 기대할 것이며, 결국 물리적인 방법을 동원하지 않으면 제어할 수 없을 정도로 반항적인 아이가 될 것입니다. 체벌에 대한 성경의 가르침은 매우 분명합니다.

> 어리석음이 아이의 마음을 사로잡지만, 체벌의 회초리가 그것을 멀리 쫓아낸다. (잠 22:15, 23:13~14 참조)

하나님은 〈매를 아끼는 사람은 자식을 미워하는 자이나, 자식을 사랑하는 사람은 늦지 않게 아이를 징계한다〉(잠 13:24)라고 말씀하십니다. 또, 〈아직 희망이 있을 때 네 아들을 징계하며, 그가 멸망하도록 내버려 두지 마라〉(잠 19:18) 자식 바보가 되지 마십시오. 여러분이 자녀를 사랑하는 것보다 하나님께서 그분의 자녀를 사랑하는 것이 훨씬 크지만, 그럼에도 주님은 〈내가 사랑하는 만큼 꾸짖고 징계한다〉(계 3:19, 히 12:6 참조)라고 하십니다.

> 매와 꾸지람은 지혜를 주지만, 멋대로 내버려 둔 아이는 어미를 부끄럽게 한다. (잠 29:15)

아이가 나이를 먹고 고집이 세져서 더는 회초리를 무서워하지 않게 되기 전에 엄격하게 교육해야 합니다. 매를 아끼면 자식을 망칩니다. 자식에게 회초리를 들지 않은 부모는 나중에 자신의 등을 회초리로 치며 후회할 것입니다.

그런데 위의 구절들은 가정을 공포로 지배하라는 것은 결코 아닙니다. 아이들에게 존경과 사랑을 잃지 않으면서도 충분히 자녀를 벌하고 다스릴 수 있습니다. 불합리한 요구 사항으로 자녀의 심령을 상하지 않게 주의하십시오. 또, 자기의 분노를 주체하지 못하고 분풀이로 아이를 때리지도 마십시오. 불순종하는 아이를 벌하는 것은 부모가 화가 나서가 아니라, 하나님께서 그렇게 하라고 말씀하셨으며 그것이 자녀의 미래를 위해서도 좋기 때문입니다. 쓸데없는 위협이나 지키지 못할 약속은 하지 마십시오. 아이를 잘 가르치는 것도 중요하지만 잘 다스리는 것은 더욱 중요합니다.

아이의 주변에서 무의식적으로 영향을 미치는 요소를 주의 깊게 살피십시오. 가정의 분위기를 화목하게 만들려고 노력하십시오. 세속적이고 육신적인 방식이 아니라, 남을 배려하는 마음을 심어주고 다정한 교제를 나누는 등 고귀하고 이상적인 방식으로 하십시오. 아이가 악한 무리와 어울리지 않게 하십시오. 집에 어떤 잡지와 책이 들어오는지, 어떤 손님이 찾아오는지, 아이가 사귀는 친구들은 어떠한지 유심히 살피십시오. 부모는 때로 자기도 모르는 사이에 그들의 권위를 떨어뜨리고 아이의 가치관을 뒤흔들며 아이의 마음에 사악한 씨앗을 뿌리는 자들이 접근하도록 허락하는 경우가 있습니다. 절대 아이가 낯선 이들과 함께 밤을 지새우도록 내버려 두지 마십시오. 딸은 자기 세대에 유용하고 도움이 되는 구성원으로 자라나게 하고, 아들은 근면하고 자립심 있게 성장시키십시오.

넷째, 자녀의 영혼과 육신의 유익을 위해 부모가 해야 할 가장 중요한 일은 그들을 위해 하나님께 간절히 기도하는 일입니다. 하나님의 축복이 없다면 다른 어떤 수단도 아무런 소용이 없습니다. 여러분이 은혜의 보좌로 나아가 자녀를 위해 간절히 기도하면 하나님은 분명히 응답해주실 것입니다. 물론, 우리는 하나님의 주권적인 뜻과 선택에 겸손하게 복종해야 합니다. 그러면서도 의인의 열정적인 간구는 하나님께서 반드시 들어주신다는 약속을 굳게 붙들고 믿음으로 기도하십시오. 거룩한 욥도 아들과 딸을 위해 아침 일찍 일어나 그들의 수만큼 번제를 드렸습니다. (욥 1:5) 부모가 드리는 기도의 향기는 분명 가정에 스며들어 온 가족이 들이마실 것입니다.

여섯 번째 계명

살인하지 마라. (출 20:13)

전반부 다섯 가지 계명은 하나님의 영광을 지키기 위한 것이며, 후반부 다섯 계명은 인류의 평화와 안정을 위한 것입니다. 첫째, 〈살인하지 마라〉는 개인의 안전을 지키기 위한 것입니다. 둘째, 〈간음하지 마라〉는 가정의 고결함과 유익을 위한 계명입니다. 셋째, 〈도둑질하지 마라〉는 개인의 재산을 보호하기 위한 계명입니다. 넷째, 〈이웃에 대하여 거짓 증거하지 마라〉는 개인의 명예를 보호하기 위한 것입니다. 마지막으로, 〈탐내지 마라〉는 모든 율법을 둘러싼 단단한 울타리로써 외적인 범죄뿐 아니라 생각과 감정에서 나오는 모든 악한 동기를 금지한 것입니다. 그중에서 지금 살펴볼 〈살인하지 마라〉는 이웃과 관련된 계명 중에서 첫 번째로 등장하는 것입니다.

이 여섯 번째 계명은 야만적이고 비인간적인 죄인 살인을 금지합니다. 살인은 〈처음부터 살인자인〉(요 8:44) 마귀의 맏아들과 같습니다. 아담과 하와가 타락한 이후에 처음으로 등장한 범죄가 바로 살인이었으며, 이로써 그들의 부패함이 후손인 가인에게 전달되었다는 사실을 알 수 있습니다. 가인은 자기 행위는 악하고 아벨의 행위는 의롭다는 이유로 동생을 증오했으며(요일 3:12), 결국 그를 살해하고 말았습니다. 그런데 이 계명은 실제 살인을 저지르는 범죄만 금하는 것이 아니라, 살인의 원인이 되는 마음속의 증오와 분노까지 금합니다. 성급한 분노, 증오, 비방, 복수심 등 이웃의 안전을 해치려는 모든 것과 위험에 처한 사람을 구할 수 있음에도 방치하는 행위 또한 이 계명이 금지하는 것입니다.

그런데 사람을 죽이는 것이 모두가 살인죄에 해당하는 것은 아닙니다. 판사에 의해 사형 선고를 받은 범죄자를 죽이는 것은 살인이 아니라 정의 구현입니다. 재판관은 흉악범에게 사형을 선고할 법적인 권위를 지녔으며, 만일 그가 그렇게 못했다면 하나님께서 직접 하실 것입니다. 〈누구든지 사람의 피를 흘리면, 그도 다른 사람에 의해 피를 흘리게 될 것이다〉(창 9:6)는 하나님께서 정하신 불변의 원칙입니다. 하나님은 재판관에게 〈너는 불쌍히 여기지 말고 생명은 생명으로 갚아라〉(신 19:21)라고 지시하셨습니다. 또한, 의로운 전쟁에서 흘린 피도 살인죄에 해당하지 않습니다. 침략자에 맞서 무기를 들고 부당하게 빼앗긴 것을 되찾는 일은 정당한 행위입니다. 그래서 다윗도 아내들을 포로로 잡아간 아말렉을 추격했습니다. 마찬가지로 다윗이 그의 사신을 부당하게 취급한 암몬 자손을 친 것처럼, 매우 큰 악행을 벌하기 위한 피 흘림도 정당한 일입니다. (삼하 10장)

어떤 사람은 이런 주장을 매도하며 신약 시대에는 모든 전쟁이 정당하지 않다고 주장합니다. 하지만 군인들이 그리스도께 〈우리가 무엇을 해야 합니까〉(눅 3:14)라고 물었을 때, 주님은 더 이상 싸우지 말고 군인을 그만두라고 하시지 않고 그들에게 군인으로서 올바른 행동에 대한 지침을 내려주셨습니다. 백부장이 주님께 찾아와 군인으로서 자기 생각을 이야기했을 때, 주님은 그의 직업을 정죄하거나 백부장 직분을 맡은 것을 꾸짖지 않으시고, 오히려 그의 믿음을 매우 칭찬하셨습니다. (눅 7:8~9) 그리스도께서는 빌라도에게 심문받으실 때 이렇게 말씀하셨습니다.

> **내 나라는 이 세상에 속한 것이 아니니, 내 나라가 이 세상에 속한 것이었다면 내 부하들이 싸워서 내가 유대인들에게 끌려가지 않게 했을 것이다. 그러나 지금 내 나라는 여기에 있지 않다.** (요 18:36)

이 말씀에서 알 수 있듯이, 비록 그리스도의 영적인 왕국은 세속적인 방식을 통해 임하는 것이 아니긴 하지만, 만일 그리스도께서 일부러 낮아지신 상태가 아니었다면 주님의 부하들은 정당하게 무력을 사용해 주님의 신분을 지켰을 것입니다.

또, 전혀 의도하지 않고 실수로 벌어진 사고 때문에 사람이 죽은 것도 예외입니다. 성경에서 나무를 베다 도끼가 미끄러져 의도치 않게 근처에 있던 사람을 죽인 경우가 이것에 해당합니다. (신 19:5) 이처럼 무고하게 사람을 죽인 자를 위해 주님은 도피성을 마련하여 그곳으로 도망가 복수의 피를 흘리지 않게 하셨습니다. 이처럼 무고하게 사람을 죽인 경우를 분명히 구분하지 않으면, 복수를 위해 또 다른 죽음을 불러올 수도 있습니다. (출 21:22~24 참조)

이제 진짜 살인죄에 대해 알아보겠습니다. 자살은 자신을 살해하는 것이며, 정죄 받을 만한 가장 절망적인 범죄 행위입니다. 자살하는 죄는 회개할 기회조차 스스로 없애는 것이므로 용서받을 수 없습니다. 자기 피로 물든 손으로 스스로를 심판하는 것을 보면, 그들은 이미 하나님에게서 너무도 멀리 떨어져서 영원한 구원에 관해서는 관심조차 없는 것입니다. 자살하는 사람은 자기를 죽인 살인자이며, 자기 육신뿐 아니라 영혼까지 파멸시킵니다. 또, 다른 사람을 죽이는 것은 가장 극악무도한 범죄입니다. 살해를 저지른 자는 공포에 휩싸이며 양심의 괴로움이 너무도 커서 자수하는 경우도 많습니다. 살인을 공모하거나(삼하 12:9), 동의하거나(빌라도처럼), 감추는 행위(신 21:6~7) 또한 살인을 방조한 혐의로 살인죄를 저지른 것이나 마찬가지입니다.

이 계명은 실제로 살해하는 것뿐 아니라 살인의 원인이 될만한 모든 것을 금지합니다. 대표적으로 질투와 분노가 있습니다. 어떤 사람은 질투에 대해 〈다른 사람의 행복을 우리의 절망으로 바꾸며 비뚤어진 영혼을 좀먹는 추잡한 악이다〉라고 말했습니다. 가인은 동생의 제사가 받아들여진 것을 보고 처음에는 부러운 듯이 투덜거렸지만, 이것은 곧 그를 부추겨 살인을 저지르게 했습니다. 마찬가지로, 부당하고 지나친 분노도 계속 마음속에 품고 있으면 이윽고 제어할 수 없는 증오로 돌변하고 맙니다. 이런 분노는 실제로 살인을 저지르는 원인이 되기도 할 뿐 아니라, 그리스도의 가르침에 따르면 살인 그 자체이기도 합니다.(마 5:21~22)

그런데 분노는 질투와 달리 꼭 나쁜 것만 있지는 않습니다. 때로는 의로운 분노도 있습니다. 이것은 죄가 아니라 오히려 귀하고 칭송할 만한 은혜입니다.(막 3:5 참조) 하나님의 영광과 이름과 거룩함과 백성이 훼손될 때 분개하는 것은 거룩한 분노입니다. 마찬가지로, 우리가 부당한 대우를 받을 때도 충분히 분노할 수 있습니다. 하지만 이때는 분노하더라도 〈죄는 짓지 않도록〉(엡 4:26) 조심해야 합니다. 우리의 사고를 마비시키고 광적인 행동을 불러일으키는 죄악된 분노는 정당한 이유도 없고 한계도 없습니다. 니느웨의 구원을 못마땅하게 여긴 요나의 분노가 그런 것입니다.(욘 4:1) 해가 질 때까지 분을 삭이지 못하고 계속 품고 있으면 안 됩니다.(엡 4:26) 그렇지 않으면 다음 날까지 증오의 찌꺼기가 마음에 남아있게 됩니다.

이 장을 마무리 지으면서 분노를 통제하기 위한 몇 가지 방법을 알려드리겠습니다. 첫째, 온유하고 겸손한 마음을 주시길 간절히 기도하십시오. 스스로를 낮게 여기면 다른 사람이 무시하더라도 별로 화나지 않게 됩니다. 모든 언쟁은 교만에서 비롯됩니다. (잠 13:10) 자신을 낮게 여길수록 다른 사람의 조롱을 더 잘 참아낼 것입니다. 둘째, 하나님의 무한하신 인내와 관대함을 자주 묵상하십시오. 우리가 하나님을 욕되게 한 일이 얼마나 많습니까? 하나님을 화나게 한 일은 얼마나 많습니까? 그렇지만 주님은 우리가 지은 죄 만큼 우리를 다루지 않으셨습니다. 이것을 본받으십시오. 셋째, 어떠한 편견도 가지지 않도록 주의하십시오. 편견은 다른 사람의 행동을 잘못 해석하게 만듭니다. 질투나 분노의 감정이 처음 올라올 때 그것을 억누르십시오. 상처를 입었을 때 그것을 무시하거나 아니면 고의가 아니었을 것이라고 여기십시오. 넷째, 쉽게 분노하는 사람을 멀리하십시오. (잠 22:24~25) 불은 쉽게 옮겨붙는 법입니다.

일곱 번째 계명

간음하지 마라. (출 20:14)

순결한 생활은 가족 관계의 기초이며 가족은 인간 사회의 토대이기에, 이 계명은 인류 생존을 위해 두 번째로 중요한 것입니다. 이 계명은 출산의 거룩한 기능을 지키고 생태계의 고귀한 관계를 보호하는 울타리이며, 따라서 인간 생명의 소중함을 나타내는 계명 바로 다음에 선포된 것입니다. 사회 질서가 건강히 유지되려면, 다른 모든 관계의 기초가 되는 가정을 빈틈없이 지키는 것이 가장 중요합니다. 〈간음하지 마라〉는 간결하고, 완전무결하며, 바뀌지 않고, 단호한 계명입니다. 어떠한 논쟁도, 어떠한 이유도 필요 없습니다. 이 죄는 너무도 파괴적이라 그 자체로 금지될 만한 충분한 이유가 됩니다.

이 계명은 하나님께서 우리의 영혼뿐 아니라 육신으로도 섬길 것을 분명히 나타내고 있습니다.

> 그러므로 형제들아, 하나님의 은혜로 말미암아 내가 너희에게 권하니, 너희 몸을 하나님께서 받으실 만한 거룩한 산 제물로 드려라. 이것이 너희의 합당한 예배이다. (롬 12:1)

> 그러므로 죄가 너희 죽을 몸을 지배하여 그것의 욕망에 복종하지 않도록 하라. 너희가 성령으로 몸의 행실을 죽이면 살 것이다. (롬 6:12, 8:13)

> 몸은 음행에 쓰려는 것이 아니라 주님을 위한 것이며, 주님은 몸을 위해 계신다. 너희는 너희 몸이 그리스도의 지체임을 알지 못하느냐? 그런데 내가 그리스도의 지체를 취하여 창녀의 지체로 만들 수 있겠느냐? 하나님께서 값으로 사셨으니, 너희 몸과 영으로 하나님께 영광을 돌려라. (고전 6:13, 15, 20)

그리스도인에게 이 더러운 죄는 신성 모독과 같습니다.

> 너희 몸은 너희 안에 계신 성령님의 성전인 것을 알지 못하느냐? (고전 6:19)

그리스도께서 하나님의 집이 강도의 소굴로 변한 것을 보고 매우 분개하셨는데, 성령님의 성전을 더러운 돼지우리로 만들어 버리는 악을 보면 얼마나 끔찍하게 여기시겠습니까?

간음하지 마라.

엄밀히 말하면 독신이 저지르는 죄는 음행이고 〈간음〉은 결혼한 사람에게 해당하는 죄이기 때문에 이 계명은 특별히 가정의 거룩함을 지키기 위한 것이라 할 수 있습니다. 우리가 섬기는 하나님은 말할 수 없이 순결하고 거룩하신 분이기에, 주님은 우리에게도 모든 불결한 것을 멀리하라고 요구하십니다. 이 계명은 특별히 우리의 감정과 욕정에 관련된 것입니다. 우리는 불순하고 음란한 것이 우리의 생각과 육신을 더럽히지 못하도록 해야 합니다. 그러려면 하나님께서 인구 증가를 위해 심어 주신 성적인 본능을 적절히 절제하는 법을 배워야 합니다. 그러므로 우리는 모든 수단과 방법을 동원해 간음죄의 유혹에 빠지지 않도록 조심해야 합니다.

하나님께서 음행하는 죄를 어떻게 여기시는지는 말씀의 여러 곳에서 분명하게 기록되어 있습니다. 이 죄는 심지어 미혼자의 입장에서도 〈하나님께 큰 악을 저지르는 것〉(창 39:9)이라고 했습니다. 그러니 결혼한 사람에게는 얼마나 심각한 죄이겠습니까! 이스라엘 백성의 시민법에 따르면 간음죄는 살인죄와 동등하게 사형에 처해졌습니다. 욥은 간음이 〈끔찍한 범죄이며 파멸하도록 삼키는 불〉(욥 31:11~12)이라고 했습니다. 간음죄는 대부분 은밀하게 일어납니다. 하지만 아무리 사람의 눈을 피하더라도 하늘의 재판관이신 하나님의 심판은 피할 수 없습니다.

하나님께서 음행하는 자와 간음하는 자를 심판하실 것이다. (히 13:4)

속지 마라. 음행하는 자, 우상 숭배자, 간음하는 자는 하나님의 나라를 상속받지 못할 것이다. (고전 6:9~10)

간음죄는 살인죄와 거의 다를 바 없는 큰 죄이다. 살인은 인간의 일시적인 존재를 파괴하며, 간음은 인간을 인간답게 존재하도록 하는 것을 파괴한다. 모두가 자유롭게 간음을 저지를 수 있다면 머지않아 인간은 야생 동물 수준으로 전락하고 말 것이다. (대브니)

이 죄를 방지하기 위해 하나님은 결혼이란 제도를 만드셨고, 문란한 생활을 피해 남자마다 자기 아내를 두며 여자마다 자기 남편을 두게 하셨습니다. (고전 7:2) 간음죄는 결혼의 언약과 맹세를 깨뜨리는 행위이기 때문에 위증죄와 불성실한 죄까지 포함됩니다. 음행은 몸에 죄를 짓는 것입니다. (고전 6:18) 하나님께서 음행을 얼마나 싫어하시는지는 음행한 자가 걸리는 극심한 육신의 질병만 보아도 알 수 있습니다.

> 스스로 속이지 마라. 하나님은 업신여김을 받지 않으시니, 누구든 심은 대로 거둘 것이다. 자기 육체에 심은 자는 육체에서 부패함을 거둘 것이다. (갈 6:7~8)

하나님께서 성적인 음행죄에 대한 대처법으로 결혼을 지정해 주시긴 했지만, 그렇다고 그것이 인간에게 야생 동물처럼 마음대로 할 권리를 허락하는 것은 아닙니다.

> 결혼한 사람이라고 해도 서로에게 모든 행동이 정당하다고 생각해서는 안 된다. 모든 남성은 결혼 생활에 예의와 격식을 갖추고 자기 아내를 진지하게 대해야 하며, 아내도 마찬가지로 남편을 진지하게 대해야 한다. 그러므로 주님 안에서 맺은 혼인은 겸손과 절제로 통제되어야 하며, 추악함과 음탕함으로 더

럽혀져서는 안 된다. 암브로스는 부부 생활을 난잡하게 하는 자들을 가리켜 자기 아내와 간음하는 자라고 비난하며 그런 호색을 엄중히 경계했다. (칼빈)

혹시라도 마음속은 온갖 음란한 상상과 욕망으로 더럽혀져 있으면서 실제 행동으로는 저지르지 않았다는 이유로 자신은 음행을 저지르지 않은 자라고 만족하는 사람은 없기를 바랍니다. 하나님의 율법은 〈영적인 것〉(롬 7:14)이기 때문에 그저 겉으로만 더러움을 피한다고 해서 되는 것이 아니라 마음속의 불결한 생각과 상상까지 금해야 합니다. 마음으로 짓는 살인죄가 있는 것처럼 마음으로 짓는 간음죄도 있습니다. 마음으로 불결하고 음란한 상상을 하는 자도 〈간음하지 마라〉라는 계명을 어기는 것입니다.

> 누구든지 음욕을 품고 여자를 바라보는 자는 이미 마음으로 그 여자와 간음한 것이다. (마 5:28)

그러므로 바울은 〈남자가 창녀와 더불어 자신을 더럽히는 것보다 결혼하는 편이 낫다〉라고 하지 않고 〈음욕으로 불타오르는 것보다 결혼하는 편이 낫다〉(고전 7:9)라고 말한 것입니다.

비록 이 계명에서 언급된 것은 대표적으로 〈간음죄〉뿐이지만 다른 모든 종류의 음란한 죄도 마찬가지로 멀리해야 합니다. 이 계명은 우리 몸을 더럽히는 모든 종류의 행위를 금지하는 것이며, 단지 간음죄가 그중에서 가장 범하기 쉽기 때문에 대표적으로 언급된 것입니다. 간음은 모든 인간이 악하다고 여기는 행위이며, 이것을 통해 모든 부정한 욕정을 멀리하라고 경고하는 것입니다. 하나님의 완전한 규범은 우리의 말과 생각과 행동이 모두 정결할 것을 명하며, 따라서 아무리 작은 것이라도 우리의 정결함에 흠이 될만한 것은 무엇이든 금해야 합니다. 〈결혼 생활 이외에 어떠한 성적인 관계도 하나님께서 보시기에 가증스러운 일입니다.〉

이 계명은 욕정을 품고 바라보는 것과 같이 음행에 이를 수 있는 모든 행위를 금지합니다. 우리는 절대 이웃의 순결을 해치거나 음란한 죄를 짓도록 유혹해서는 안 됩니다. 그러기 위해서는 야한 복장이나 저속한 말이나 무절제하게 먹고 마시는 것을 멀리해야 합니다. 이런 것은 욕정을 불러일으키고 우리나 다른 사람에게 음란한 마음을 부추기기 때문에 자제해야 합니다. 특히 청년들은 남자든 여자든 결혼 전에 행하는 모든 부정한 행위는 결혼 상대에게 죄짓는 일이란 사실을 마음에 늘 간직해야 합니다. 비록 이 계명이 하지 말라는 부정어법으로 표현되었지만, 이것과 반대로 몸을 정결케 하고 마음을 거룩한 것으로 채우며 감정을 하늘에 있는 것에 두고 시간을 유익한 일에 사용하는 일 등을 적극적으로 하라는 명령도 함께 포함되어 있습니다.

음행을 피하는 방법은 다음과 같습니다.

첫째, 하나님께서 항상 함께 계심을 인식하는 습관을 들이십시오. 여호와의 눈은 어느 곳에든 있어 선과 악을 주시하십니다. (잠 15:3) 둘째, 자신이 무엇을 보고 느끼는지 잘 감시하십시오. 감각은 우리를 새롭게 하는 기쁨이 들어오는 통로가 되어야 하는데, 그렇지 못하고 우리 영혼을 오염시키는 더러운 것이 들어오는 통로로 사용될 때가 많습니다. 자신의 눈과 언약을 맺으십시오. (욥 31:1) 저속한 대화에 귀 기울이지 마십시오. 음란한 글을 읽지 마십시오. 머릿속에 악한 생각이 떠오를 때 속히 쫓아내십시오. 셋째, 냉철하고 절제하는 법을 익히십시오. (고전 9:27) 먹고 마시는 것을 탐하는 자는 일반적으로 정욕에 휩싸이기 쉽습니다. 넷째, 정직하고 건실한 일을 열심히 하십시오. 게으름은 무절제만큼 매우 위험합니다. 또, 악한 친구들과 어울

리지 마십시오. 다섯째, 하나님께 깨끗한 마음을 주시길 간절히 기도하십시오. (시 119:36)

> 간음하는 자들아, 너희는 세상과 친구 됨이 하나님을 적대하는 것인 줄 알지 못하느냐? 누구든지 세상과 친구 되는 자는 하나님의 적이다. (약 4:4)

이 구절은 영적 간음죄에 관한 것입니다. 세상을 사랑하는 것은 우리 마음을 하나님에게서 멀어지게 하며, 세속적인 정욕은 우리 영혼을 유혹해 하나님을 떠나게 합니다. 하나님께서는 우리를 충분히 만족하게 하고도 남을 만큼 충만함이 있지만, 그래도 믿는 자는 여전히 피조물 속에서 행복을 찾으려는 욕망을 지니고 있습니다. 육적 간음도 생각하는 것만으로 죄가 되듯이, 그리스도인도 완전히 세속적인 삶을 살지 않더라도 세상을 향한 갈망만으로 영적 간음을 범하는 것입니다. 우리 마음이 물질적인 위로와 만족을 지나치게 탐하지는 않는지 항상 주의를 기울여야 합니다. 하나님은 질투하시는 하나님이며, 우리가 오직 하나님께만 속하는 사랑과 존경을 다른 대상에게 주는 것을 가장 싫어하십니다. 여러분의 〈첫 사랑〉(계 2:4)에서 떠나지 마시고, 여러분의 〈정혼자〉(고후 11:2)를 버리지 마십시오.

여덟 번째 계명

도둑질하지 마라. (출 20:15)

도둑질은 근본적으로 하나님께서 우리에게 주신 것에 만족하지 못하고 다른 사람에게 주신 것을 탐내기 때문에 발생합니다. 칼빈은 이 계명에 대해 다음과 같은 예리한 지적을 남겼습니다.

> 이 율법은 우리의 손뿐 아니라 마음을 규제하기 위해 제정되었다. 또, 우리로 하여금 자신의 소유를 지키는 것뿐 아니라 타인의 유익을 위해 힘쓰도록 하려는 것이다.

바로 앞의 계명과 마찬가지로, 이것도 우리가 하나님께서 허락하신 섭리를 넘어서지 않도록 세속적인 것을 향한 우리의 욕망을 제한하고 통제하기 위한 가르침입니다. 그러므로 우리는 이렇게 기도해야 합니다.

> 헛됨과 거짓을 제게서 멀리 제거해주시고, 저를 가난하게도 부하게도 하지 마시며, 그저 필요한 양식으로 저를 먹이소서. 그래서 제가 배불러 주님을 부인하며 〈여호와가 누구냐?〉라고 하거나, 제가 가난하여 도둑질을 저질러 하나님의 이름을 헛되게 취하지 않게 하소서. (잠 30:8~9)

〈도둑질하지 마라〉는 적극적인 의미로 〈너희는 모든 적절한 수단을 사용해 너와 이웃의 재산을 보존하라〉라는 명령입니다. 이 계명은 우리에게 부지런히 일하여 자신과 가족을 부양할 재산을 지켜 신용불량자가 되거나 극빈자가 되지 않도록 권면합니다. 우리는 모든 사람 앞에 정직한 것을 내밀 수 있어야 합니다. (롬 12:17) 또한, 이 계명은 이웃의 재산을 존중하는 사랑의 율법입니다. 우리는 인간관계의 최우선 법칙인 〈무엇이든 사람들이 너희에게 해주길 바라는 대로 너희도 그들에게 해주어라〉(마 7:12)라는 말씀에 따라 이웃을 항상 정직하고 올바르게 대해야 합니다. 그러므로 이 계명은 모든 이의 재산에 소유주의 동의 없이는 침범할 수 없는 신성한 울타리를 치는 것과 같습니다.

한 가지 놀라운 사실은 인류가 최초로 저지른 죄 중에 〈도둑질〉이 포함되었다는 것입니다. 다름 아닌 하와가 금단의 과실을 훔친 것입니다. 또한, 이스라엘 백성이 가나안 땅에 들어가서 저지른 최초의 죄 역시 아간이 약탈물 중 일부를 〈도둑질〉한 것이었습니다. (수 7:21) 마찬가지로, 초대 교회에서 처음 나타난 죄도 아나니아와 삽비라가 저지른 〈도둑질〉이었습니다. (행 5:2) 아이들이 처음으로 짓는 죄도 도둑질일 경우가 많습니다! 그러므로 어렸을 때부터 이런 하나님의 계명을 가르쳐야만 합니다. 수년 전, 어느 집에 방문한 일이 있었습니다. 그곳의 부인은 그날 네 살짜리 자기 딸이 포도가 잔뜩 있는 방에 들어가는 것을 몰래 지켜보았다고 했습니다. 그 아이는 한참 동안 탁자에 놓인 포도를 먹음직스럽게 바라보더니, 〈사탄아 물러가라. 성경에「도둑질하지 마라」라고 기록되어 있다〉라고 외치고 재빨리 방을 빠져나왔다고 합니다.

도둑질하지 마라.

가장 심각한 형태의 도둑질은 하나님의 소유를 훔치는 것입니다. 하나님은 이스라엘 백성에게 이 죄를 물었습니다.

> 사람이 하나님의 것을 도둑질하겠느냐? 너희는 내 것을 도둑질하였다. 그러나 너희는, 〈우리가 어떤 점에서 주님 것을 도둑질하였습니까?〉라고 묻는다. 바로 십일조와 헌상품이니라. 너희 온 나라가 나의 것을 도둑질하였으므로, 너희에게 저주가 내려졌다. (말 3:8~9)

또 다른 형태로 하나님의 소유를 도둑질하는 것으로써, 이 땅에서 하나님의 뜻이 이루어지는 일에 경제적으로 지원하지 않는 것이 있습니다. 우리가 마땅히 하나님께 돌려야 할 영광을 올려드리지 않고 하나님께 속한 찬양과 영예를 자기 것인 양 자랑하는 것도 하나님의 소유를 도둑질하는 행위입니다. 알미니우스 신학자들이 바로 이런 죄를 심각하게 범하고 있습니다. 그들은 하나님께서 값없이 주신 은혜를 마치 자기들의 〈자유의지〉 덕분인 것처럼 여깁니다.

> 너희가 나를 택한 것이 아니라 내가 너희를 택한 것이다. (요 15:16)

> 여기 사랑이 있으니, 우리가 하나님을 사랑한 것이 아니라 하나님께서 우리를 사랑하신 것이다. (요일 4:10)

우리가 하나님의 소유를 도둑질하는 또 다른 방법은 우리에게 맡기신 청지기 직분을 소홀히 하는 것입니다. 하나님께서 우리에게 맡기신 것을 소홀히 관리하는 것은 다른 사람의 재산을 약탈하는 행위와 마찬가지로 잘못된 일입니다. 그러므로 이 계명에 의하면, 우리는 많든 적든 우리의 세속적인 재산을 잘 관리해 가족을 충분히 부양할 수 있어야 합니다.

게으름도 도둑질의 일종입니다. 그것은 마치 수벌처럼 아무 일도 안 하면서 벌집의 다른 모든 벌이 자기를 위해 일해주기를 바라는 것입니다. 사치와 낭비는 하나님께서 주신 물질을 방탕하게 허비하는 것으로써 도둑질의 한 형태입니다. 주일에도 쉬지 않고 직장에 남아서 일하는 것 역시 예배에 헌신해야 할 하나님의 시간을 도둑질하는 것입니다. 게다가 〈하나님의 소명〉을 받지도 않았으면서 목회자 행세를 하며 편안하고 안락한 삶을 누리는 자들도 〈도둑이며 강도입니다.〉(요 10:1)

하나님은 인간이 이마에 땀을 흘려야 양식을 얻도록 지정하셨으며, 우리는 이렇게 정직하게 얻은 몫으로 만족해야 합니다. 하지만 어떤 이들은 나태하며 일하기를 싫어하면서 다른 사람의 몫을 탐냅니다. 그래서 자기 소유가 아닌 것을 얻으려고 무력을 쓰거나 사기를 칩니다. 도둑질은 보통 법적으로 다른 사람의 소유인 것을 부당하게 빼앗거나 자신이 가지는 것을 의미합니다. 남의 재산을 빼앗는 것도 도둑질이지만, 마땅히 다른 사람에게 돌아갈 몫을 자신이 취하는 것도 마찬가지로 도둑질입니다. 그런 의미에서 이 계명을 어기는 자본가와 노동자의 수는 끔찍할 정도로 많습니다. 과거에는 가난한 노동자들이 적은 임금을 받으며 착취를 당했지만, 요즘은 반대로 노동자들이 회사가 지급할 수 없을 만큼 과도한 임금을 요구하면서 자본가를 착취합니다. 또, 정당한 노동의 대가로 정당한 임금을 지급하는 것이 옳다면, 정당한 임금을 받은 사람은 정당한 노동을 제공하는 것이 맞습니다. 하지만 요즘은 빈둥거리며 어영부영 근무 시간을 흘려보내는 사람이 많습니다.

도둑질하지 마라.

허위 광고를 하는 사람도 이 계명을 어기는 것입니다. 자기가 파는 물건에 불순물을 섞거나 잘못된 상품 설명을 제공하는 상인은 도둑질하는 것입니다. 또한, 고의로 저울추를 속이거나 거스름돈을 잘못 주는 것도 도둑질입니다. 폭리를 취하는 것도 도둑질의 한 형태입니다.

아무도 도를 넘어서서 형제를 사취하지 마라. (살전 4:6)

사치와 허영을 위해 빚을 내는 것도 도둑질입니다. 또, 생계를 위해 빚을 얻더라도 그것을 갚지 못하면 마찬가지로 도둑질한 것입니다. 파산하기 전에 재산을 아내 명의로 돌리는 것도 하나님께서 보시기에 도둑질하는 것입니다. 그리고 파산한 후에 다시 재정을 회복하고도 채권자에게 완전히 상환하지 않는 것도 도둑질입니다. 빌려간 물건을 돌려주지 않는 것도 도둑질입니다. 세입자가 빌린 집이나 가구를 손상하는 것도 도둑질입니다. 탈세도 도둑질입니다. 그리스도께서도 세금에 대한 모범을 보이셨습니다. (마 17:24) 도박도 정직한 노동에 의해 돈을 벌려고 한 것이 아니므로 도둑질의 한 형태입니다.

옛말에 〈마귀가 업어온 것은 무엇이든 결국 마귀의 뱃속으로 들어간다〉라고 했습니다. 무엇이든 강제로 빼앗거나 사기를 쳐서 얻은 것은 하나님께서 저주를 내리셔서 구멍 뚫린 자루에 든 것처럼 곧 사라지고 말 것입니다. 하나님은 죄지은 자에게 또 다른 죄로 정의의 심판을 내리시곤 합니다. 그래서 도둑질해서 얻은 재물을 얻은 자는 방탕한 삶으로 재산을 모두 날리고 수명도 단축됩니다.

악한 자의 약탈한 것이 그들을 멸망시킨다. (잠 21:7)

자고새가 직접 낳지 않은 알을 품듯이, 정당하지 않게 재물을 얻은 자는 그가 한창일 때 그것을 떠날 것이며, 결국 그는 어리석은 자가 될 것이다. (렘 17:11)

하나님은 사람을 다루실 때 그가 다른 이에게 행했던 그대로 겪게 하십니다. 현대 사회에서 이런 범죄가 증가하는 이유는 합당한 처벌이 내려지지 않기 때문입니다. 혹시 여러분이 과거에 누군가의 물건을 훔친 사실을 떠올린다면, 그것을 그저 하나님께 고백만 하는 것으로는 충분하지 않고, 적어도 두 배로 배상해야 합니다. (눅 19:8, 삼하 12:6 참고) 만약 그가 이미 죽었다면 후손에게 배상해야 하며, 후손도 없다면 자선 단체에 기부하십시오.

이제 여덟 번째 계명을 잘 지키기 위한 방법 몇 가지를 소개하고 이 장을 마무리하겠습니다. 첫째, 정직한 직업을 가지십시오. 혹시 재산이 많은 사람이라면 명예로운 소명을 가지고 많은 사람의 유익을 위해 힘쓰십시오. 게으른 사람일수록 쉽게 악한 일에 빠져들기 마련입니다. 둘째, 다른 사람의 유익을 구하면서 이기심에서 벗어나려고 노력하십시오. 셋째, 궁핍한 사람에게 물질을 나눠주며 탐욕에서 벗어나려고 애쓰십시오. 넷째, 여러분을 구원하기 위해 두 강도 사이에서 십자가에 못 박히신 구세주를 생각하며, 그분의 이름에 먹칠하지 않도록 조심하십시오. 다섯째, 만족할 수 있는 은혜를 구하십시오. 세상 모든 것이 얼마나 헛된지 자주 생각하며, 하나님의 섭리에 복종하고, 하나님의 약속을 묵상하며(히 13:5~6), 모든 일에 절제하고, 하늘에 있는 것에 마음을 두며, 그리스도께서 세상에 계실 때 어떻게 지내셨는지 날마다 되새기십시오.

아홉 번째 계명

이웃에 대해 거짓 증언하지 마라. (출 20:16)

겉으로 보기에는 이 구절이 단순히 법정에서 일어나는 위증죄만 금지하는 것처럼 보이지만, 앞에서 살펴본 계명들과 마찬가지로 여기도 대표적으로 언급된 죄목보다 훨씬 많은 의미가 포함되어 있습니다. 지금까지 줄곧 이야기해왔듯이, 십계명은 각각 대표적인 원리를 말하고 있으며 그것과 관련된 모든 종류의 죄를 금지할 뿐 아니라, 반대되는 미덕을 최선을 다해 수행하는 것까지 요구합니다. 그러므로 이 아홉 번째 계명도 넓은 의미로 공적이거나 사적인 자리에서 이웃의 평판을 깎아내리는 모든 말을 꾸짖는 것입니다. 만일 이것을 단순히 문자적인 해석으로 국한하면, 아홉 번째 계명은 법정에 증인으로 소환된 몇몇 외에는 누구와도 관련이 없게 됩니다.

넓은 의미에서 이 계명은 하나님께서 오직 인간에게만 주신 특별하고 고귀한 재능인 〈말하기〉를 통제하기 위한 것입니다. 성경은 〈죽고 사는 것이 혀의 권능에 달려있다〉(잠 18:21), 〈온건한 혀는 생명의 나무이다〉(잠 15:4)라고 하며, 또한 고삐 풀린 혀는 〈억제할 수 없는 악이며 죽음의 독으로 가득하다〉(약 3:8)라고 합니다. 이런 사실은 두말할 것 없이 다음과 같은 주님의 엄숙한 말씀만 보아도 분명히 알 수 있습니다.

> 하지만 내가 너희에게 말하니, 자기가 내뱉은 모든 무익한 말에 대해 심판의 날에 설명해야 할 것이다. 너희가 한 말에 의해 의롭게 되기도 하고 정죄 받기도 할 것이다. (마 12:36~37)

아, 우리는 〈여호와시여, 제 입에 파수꾼을 세우시고, 제 입술의 문을 지켜주소서〉(시 141:3)라고 간절히 기도해야 합니다. 혀에 대한 우리의 의무는 한 마디로 항상 〈사랑으로 진실하게〉(엡 4:15) 말하는 것입니다. 여덟 번째 계명이 이웃의 재산을 보호하는 것이라면, 이 계명은 사랑으로 진실하게 말함으로써 이웃의 명예를 보존하기 위한 것입니다.

아홉 번째 계명은 이웃에 대해 모든 거짓되고 상처 주는 말을 금지하는 동시에 진리에 대해 이야기하도록 권면합니다.

> 이 가르침의 목적은, 하나님께서 진리 그 자체이고 거짓을 증오하시기 때문에, 우리는 조금의 가식도 없이 진리를 보호해야 한다는 것이다. (칼빈)

우리는 의사소통을 할 때 항상 진실해야 합니다. 이것이 왜 중요한지는 인류의 거의 모든 지식이 의사소통에서 나온다는 사실을 보면 알 수 있습니다. 어떤 사람이 내뱉은 말의 가치는 그 사람의 진실성에 전적으로 달려 있습니다. 거짓된 사람이 내뱉은 말은 무가치하고 오해와 악을 불러일으킵니다. 진실함은 그저 하나의 덕목에 불과한 것이 아니라 다른 모든 덕목의 뿌리이자 올바른 성품의 기초입니다. 그래서 성경에서는 〈진실함〉이 〈의로움〉과 동의어로 사용되는 경우가 많습니다. 경건한 자는 〈마음으로 진실을 말하는 자〉(시 15:2)입니다. 〈진리를 행하는 자〉(요 3:21)는 자신의 의무를 다하는 것입니다. 성령님은 진리를 통해 우리의 영혼을 거룩하게 하십니다. (요 17:17)

이 아홉 번째 계명을 긍정문으로 표현한 것이 〈모든 사람은 이웃에게 진실을 말하라〉(슥 8:16)입니다. 그러므로 이 계명이 금지하는 첫 번째 죄는 〈거짓말〉입니다. 거짓말은 진실이 아닌 것을 말하기, 고의로 그렇게 하기, 속일 의도로 그렇게 하기의 세 가지 요소로 구성되어 있습니다. 모든 잘못된 정보가 거짓말인 것은 아닙니다. 남을 속일 의도가 전혀 없이 신실하게 사실을 말하려고 했는데도 잘못된 정보를 주는 때도 있습니다. 반대로 진실을 말하고 있지만 거짓말을 하는 경우도 있습니다. 자신은 거짓말이라고 생각하고 있는 것을 남을 속일 의도로 말했는데, 나중에 알고 보니 그것이 진실일 때도 있습니다. 아니면 그리스도에 대해 거짓 증언을 했던 자들처럼 비유적인 말을 마치 문자적인 의미 그대로 이야기한 것처럼 여기는 것입니다.(마 26:60) 인간이 할 수 있는 가장 나쁜 형태의 거짓말은 이웃의 평판을 깎아내리기 위해 악의적으로 잘못된 정보를 꾸며내는 것입니다. 이것이 아홉 번째 계명에 명시된 거짓말의 대표적인 형태입니다.

이 죄가 얼마나 끔찍한 것인지 자세히 알아보겠습니다. 거짓말은 인간을 가장 사탄처럼 만드는 죄입니다. 사탄은 영적인 존재이기 때문에 육신으로 짓는 추악한 죄는 사탄에게 해당하지 않습니다. 사탄이 짓는 죄는 교만, 증오, 속임, 거짓과 같이 더욱 정교하고 지능적인 것입니다. 〈그는 거짓말쟁이이며 거짓의 아비〉(요 8:44)이기 때문에, 거짓말에 악의가 섞이면 섞일수록 더욱 사탄을 닮아갑니다. 그러므로 거짓말은 하나님의 본성과 성품에 가장 반대되는 죄입니다. 하나님은 〈여호와 진리의 하나님〉(시 31:5)이시기에 〈거짓말하는 입술은 여호와께 가장 혐오스러운 것〉(잠 12:22)입니다. 사탄은 거짓말쟁이이며 거짓의 아비이고 하나님은 여호와 진리의 하나님이시기 때문에, 〈그들은 내 백성이고, 거짓말하지 않는 자녀이다〉(사 63:8)라는 말씀처럼 하나님의 자녀는 하나님을 닮습니다. 또, 하나님은 거짓말하는 자에게 〈모든 거짓말쟁이는 불과 유황으로 불타는 호수에서 그들의 몫을 받을 것이다〉(계 21:8)라고 무시무시한 경고를 내리셨습니다.

요즘은 이 죄를 짓는 사람이 얼마나 많은지 모릅니다! 거짓말은 너무도 흔해져서 사람들은 아무런 양심의 가책을 느끼지 못합니다.

    진실이 땅에 떨어졌다. (사 59:14)

우선 설교 강단부터 진리에서 멀어졌습니다. 진화론이란 거짓

말이 과학계를 완전히 사로잡고, 심지어 수많은 거듭나지 않은 설교자의 마음마저 사로잡았습니다. 진화론은 인간의 타락을 부인하며 사실상 속죄와 거듭남의 필요성을 제거해버리기 때문에, 진리의 가장 핵심 토대를 공격하는 거짓말이라 할 수 있습니다. 비슷한 시점에 소위 〈고등 비평〉이라는 독일의 새로운 신학이 지적으로 보이길 바라는 수많은 불경건한 목사들에 의해 영미권 전역에 퍼지게 되었습니다. 강단에서 진리가 사라지고 얼마 지나지 않아 국회와 시장에서도 진리가 떠나고 말았으며, 이제 우리는 국가 간의 신뢰가 무너지고 친구들의 말을 믿을 수 없는 세계에 살고 있습니다.

아이들에게 거룩한 진리의 소중함을 일깨우고 거짓말이 모든 악과 부패의 입구라는 사실을 지속적으로 가르치는 일은 너무도 중요합니다. 또한, 아이들을 돌볼 책임이 있는 사람들, 특히 그들의 부모는 삶을 통해 직접 모범을 보여주어야 하며, 지키지도 못할 약속을 함으로써 아이들이 거짓말을 대수롭지 않게 여기도록 해서는 안 됩니다. 무조건적인 약속은 되도록 하지 않는 것이 지혜로운 일이지만, 일단 약속을 했다면 그것이 하나님께 죄짓는 일이 아닌 한 무슨 일이 있어도 반드시 지켜야 합니다. 이웃에게 거짓 증언을 하지 말라는 명령은 똑같이 자신에게도 적용됩니다. 실제보다 더 거룩한 척하거나 겸손한 척하는 것이 자기에게 거짓 증언하는 행위입니다. 심지어 진리를 말할 때도 그릇된 동기로 불필요하게 내뱉는 말은 아홉 번째 계명을 범하는 것입니다.

> 이웃의 잘못을 선한 목적을 이루려는 것이 아니라 그저 그들의 사회적 평판을 깎아내리기 위해 굳이 알 필요 없는 사람들에게 떠벌리고 다니는 것은 이웃의 마음에 상처를 입히는 행위이다. 또, 전혀 말하지 않고도 이 계명을 어기는 경우도 있다. 누군가 다른 사람을 사실이 아닌 일로 험담했을 때 그것을 알면서도 침묵하는 것은 암묵적으로 그의 거짓 증언에 동조하는 것이다.
>
> (존 딕)

아첨하는 것도 이 계명을 범하는 또 다른 형태입니다. 그저 누군가의 허영심을 채워주기 위해 입에 발린 칭찬을 하는 것은 자기 영혼에게 거짓 증언을 하는 것이며 스스로를 위험에 빠뜨립니다. 또, 추천받을 자격이 없는 친구를 띄워주며 다른 사람에게 추천하는 것도 〈거짓 증언〉입니다.

이제 하나님의 은혜를 통해 이 죄를 멀리하는 방법을 알아보겠습니다. 첫째, 다른 사람을 헐뜯지 않으려면 당파심에 휩쓸리지 마십시오. 파벌주의는 편견을 낳고, 편견은 우리와 다른 길을 걷는 자의 장점을 받아들이거나 인정하지 못하게 하며 그들의 가장 안 좋은 면만 보도록 합니다. 저도 이런 일을 많이 겪었습니다. 많은 사람이 특정 교파의 편협성 때문에 자기와 다른 자를 잘못 이해하고 그에게 있지도 않은 오류를 뒤집어씌우곤 합니다. 둘째, 다른 사람의 일에 쓸데없이 관심을 기울이지 마십시오. 다른 사람의 일은 그저 하나님께 맡기고 자기 일에만 전념하십시오. 셋째, 자신의 죄악과 연약함을 충분히 되돌아보십시오. 형제의 눈에 낀 티끌을 보는 대신 자기 눈에 박힌 나무 막대를 보십시오. 넷째, 수다쟁이와 소문을 퍼뜨리는 자의 무리를 피하십시오. 쓸데없이 남을 험담하는 일은 영혼을 해롭게 합니다. 다섯째, 다른 사람이 여러분을 비방할 때는 여러분의 양심이 하나님과 사람에게 떳떳한지 살펴보고, 잘못된 점이 없다면 여러분에 대한 다른 사람의 말과 생각에 신경 쓰지 마십시오.

열 번째 계명

네 이웃의 집을 탐내지 마라. 네 이웃의 아내나 남종이나 여종이나 소나 나귀나 이웃의 어떤 것도 탐내지 마라. (출 20:17)

여기서 금지하고 있는 것은 다른 사람의 소유에 대한 부적절한 탐욕입니다. 앞서 살펴본 계명들은 우리의 외적인 행동을 규제하는 것이었지만, 저는 각 계명에 그런 행동을 유발하는 모든 의도나 기회가 포함된 것이라고 설명했습니다. 십계명의 마지막 계명에서는 이러한 점이 분명하게 명시되어 있습니다. 하나님은 이 계명을 통해 하나님께서 금지하신 모든 것에 대하여 그것을 추구하려는 욕망까지도 금지하셨습니다. 인간이 겉으로 드러나는 죄를 짓지 않는 가장 훌륭한 방법은 그것을 마음으로도 바라지 않는 것입니다. 그래서 앞의 아홉 가지 계명도 영혼 깊숙이 감춰진 의도까지 통제하고 있지만, 그럼에도 주님은 열 번째 계명에서 그것을 분명하게 명시하신 것입니다. 하나님은 열 번째 계명을 통해 구체적으로 우리 마음에 주님께서 금지하신 것에 대한 욕망 자체를 꾸짖으시며 다른 아홉 가지 계명을 더욱 강화하셨습니다.

강한 욕망이란 실제로 악을 실행에 옮기기 전에 이미 마음에 숨어있는 내적인 죄입니다. 타락하고 부패한 인간의 본성이 표면으로 드러나는 처음 형태가 바로 욕망입니다. 또, 그것은 하나님의 명령과 거룩한 뜻을 거역하고 악한 것을 추구하려는 경향입니다. 인간의 영혼은 항상 자기의 본성에 맞는 행동을 취하려고 활발히 움직입니다. 타락하기 전에는 인간의 영혼이 하나님을 가장 중요한 대상이자 목표로 삼고 활동했습니다. 하지만 인간이 배교하여 오직 하나님만으로 만족하지 못하게 된 후에는 그의 영혼이 피조물에 끌리기 시작했습니다. 이처럼 타락한 인간의 영혼은 하나님의 은혜와 영적인 생명력이 결여되고 하나님을 무시하며 죄악된 대상에게 마음을 빼앗기게 되었습니다. 소유에 대한 지나친 욕망은 직접적인 해를 끼치는 것은 아니지만 그것이 하나님에게서 나온 것도 아니며 하나님의 영광을 위해 사용되지도 않기 때문에 결국 악해지기 마련입니다. 따라서 강한 욕망은 인간의 영혼이 지닌 비정상적인 기질이며, 여기서는 그것을 〈탐욕〉이라고 정의했습니다.

청교도 에스겔 홉킨스(이 책의 많은 부분이 그에게서 도움을 받았습니다)는 죄악된 탐욕을 네 단계로 나누어 설명합니다.

1) 처음에는 죄의 태아인 악한 생각이 그림자처럼 형태가 갖춰지지 않은 불완전한 상태로 잉태됩니다. 성경은 이것을 〈마음에 떠오르는 모든 생각〉이라고 하며 그것을 〈악하다〉라고 지적합니다. (창 6:5) 이것은 부패한 본성이 우리의 감각적인 성향을 충족할 죄를 짓기 위해 가장 먼저 일으키는 봉기입니다. 우리는 마치 무서운 불로 번지는 작은 불씨를 밟아서 꺼뜨리듯이 이것을 확고히 경계하고 기피하고 저항해야 합니다. 그렇지 않으면 그것은 점점 커져서 결국 우리 영혼을 오염시킬 것입니다. 거울에 입김을 불면 흐릿한 자국이 남듯이, 마음속에 악한 탐욕의 입김이 불면 우리 영혼에 자국이 남습니다.

2) 탐욕의 다음 단계는 이런 타락한 본성의 싹이 마음속에 안주하는 것입니다. 죄악된 생각이 떠오르면 우리의 세속적인 마음

은 그것을 기뻐하며 동조하는 반응을 보입니다. 인간은 자기도 모르게 습관처럼 하나의 대상에 빠져들곤 합니다. 그래서 그것이 어째서 매력적인지 이유도 모른 채 특정 대상에 마음을 빼앗기고 맙니다. 처음 보는 수많은 사람 중에 어떤 사람은 한눈에 우리의 마음을 사로잡기도 합니다. 마찬가지로 어떤 죄악된 생각이 우리 머릿속을 스쳐 지나갈 때 왜 즐거운지도 모른 채 쉽사리 마음을 빼앗기고 맙니다. 탐욕이 이렇게 두 번째 단계로 넘어가면 그전보다 더 뿌리치기가 어렵습니다.

3) 그런 악한 생각에 마음을 빼앗기고 나면, 다음에는 우리의 부패한 감정이 그 죄를 현실적으로 인정하고 받아들이며 실제 행동으로 옮기려고 압력을 가합니다. 이성은 모든 고의적인 행동을 판단하고 거르는 일을 합니다. 따라서 이성의 승인을 받지 않으면 어떤 행동도 실천으로 옮겨지지 않습니다. 이성의 재판장에서 어떤 행동이 실행되어야 할지 보류되어야 할지는 매우 중요한 문제이며, 우리 몸의 다른 모든 기능은 이성이 어떤 판결을 내릴지 기다립니다. 보통 이성이 죄를 판단하는 기준은 두 가지가 있습니다. 첫째는 〈하나님의 율법〉이며, 둘째는 하나님의 대리자라 할 수 있는 〈양심〉입니다. 율법은 죄를 판결하며, 양심은 율법의 판결을 인용합니다. 하지만 그때 우

리의 감정이 끼어들어 재판관에게 쾌락과 이득이란 뇌물을 바칩니다. 그래서 판결을 뒤엎고 죄를 짓도록 동의하게 만듭니다. 하와가 금단의 열매를 먹기 전에 뱀과 나눈 대화의 내용이 이 과정을 자세히 묘사하고 있습니다.

4) 죄악된 욕망이 이처럼 내면의 재판을 통과해 허용되면, 다음은 우리의 의지에게 그것을 공표하도록 요청합니다. 이성이 이미 승인했으므로, 의지는 그것을 실행할 수밖에 없습니다. 그러면 죄는 완전히 성장하여 언제든 기회만 있으면 행동으로 나타날 준비가 된 것입니다.

> 다만 모든 인간은 자기 욕심에 끌려 미혹되기에 시험을 받는다. 욕심이 잉태하여 죄를 낳고, 죄가 장성하여 사망을 낳는다.
>
> (약 1:14~15)

지금까지 욕심이 자라나는 여러 단계를 살펴보았습니다. 처음에는 마음에 악한 생각이 싹트고, 그것을 즐거워하며(우리의 타락한 본성은 그것을 즐거워할 수밖에 없습니다), 이성이 그것을 승인하고, 의지가 실천으로 옮깁니다. 열 번째 계명이 금지하고 있는 것이 바로 이것이며, 이 계명의 테두리를 넘어서 더 나아가면 외적인 죄를 금지하는 앞의 다른 계명들까지 범하게 되는 것입니다.

이 마지막 계명은 우리 내면의 죄에 대해 엄숙히 경고합니다. 이 계명을 통해 우리는 위대하신 하나님께서 주권적으로 지배하시는 영역에 한계가 없다는 사실을 알 수 있습니다. 하나님은 감추어진 욕망의 영역까지 그분의 권리를 주장하십니다. 하나님의 권위는 인간의 법이 통제할 수 없는 우리의 영혼과 양심 깊숙한 곳의 모든 생각까지 다스립니다. 인간은 인식할 수 없는 것을 규제하는 법은 만들 수 없으며, 그래서 우리의 욕망과 정욕은 그것이 행동으로 드러나지 않는 한 사람들의 비난에서 자유롭습니다. 하지만 비록 인간의 눈은 피할 수 있더라도 하나님께서 내리시는 형벌은 피할 수 없습니다. 하나님은 인간이 보지 못하는 것을 보시며, 인간이 판단할 수 없는 것을 판단하십니다. 마음에 감춰진 모든 비밀은 하나님의 눈에 벌거벗은 것처럼 선명히 드러납니다. 우리 영혼을 자극하는 어떠한 작은 욕망도 하나님께는 대낮의 밝은 빛에 비친 것처럼 확실하게 보입니다.

하나님의 율법은 마치 그분의 지식처럼 인간의 영혼에 가장 깊숙이 감춰진 비밀까지 꿰뚫고 마음을 구석구석 살피며 인간은 감지할 수 없는 작은 욕망까지 판단합니다. 그래서 우리가 아무리 겉으로 경건한 척하더라도 마음속의 욕망을 조금이라도 허용한다면, 율법은 우리를 영원한 죽음에 이르도록 정죄합니다. 그러므로 우리가 겉으로만 하나님의 율법을 잘 지킨다고 만족하는 것이 얼마나 헛된 일입니까! 우리는 하나님 앞에 우리의 마음을 신실하고 순결하게 지키도록 최선을 다해야 합니다. 그렇지 않으면 우리는 잔의 외부는 깨끗이 씻고 안은 온통 더러운 것으로 가득했던 바리새인과 같이 그저 위선자에 불과할 것입니다. 하나님의 율법이 인간의 외적인 행동만 규제한다고 생각하며, 겉으로 드러나는 범죄만 저지르지 않는다면 마음속이 아무리 악한 욕망과 탐욕으로 가득하더라도 자기는 깨끗하다고 생각하는 사람이 얼마나 많은지 모릅니다. 하지만 심판의 날에는 전혀 그렇지 않을 것입니다. 오늘날에는 자기 마음의 죄까지 신경 쓰는 사람이 거의 없습니다! 〈오 하나님, 저의 은밀한 허물을 씻겨주소서〉라고 기도하는 사람이 몇이나 있겠습니까! 스스로 속이지 마십시오. 하나님은 업신여김을 받지 않으시며, 겉으로 보이는 행위에 속지 않으십니다.

십계명의 마지막을 이 계명으로 정하셔서 다른 모든 계명을 지키는 울타리로 삼으신 하나님의 지혜를 보십시오. 눈으로 보이는 죄악된 행위와 삶은 모두 내면의 영혼이 부패했기 때문에 발생하는 것입니다. 안식일을 범하는 것도 모두 불경스런 욕망 때문에 차분히 쉬지 못해서 생기는 일입니다.

> 마음에서 모든 악한 생각, 살인, 간음, 음행, 도둑질, 거짓 증언, 비방이 나온다. (마 15:19)

이 구절에서 그리스도는 〈악한 생각〉을 가장 앞에 두시며, 그것이 다른 모든 악행의 선두란 것을 알려주십니다! 〈탐내지 마라〉라는 명령은 다른 사람에게 속한 것을 조금도 마음에 두면 안 된다는 것입니다. 어떤 사람은 〈우리가 원하는 것에 대한 욕망을 막기란 불가능한 일입니다〉라고 항의할지도 모릅니다. 맞습니다. 바로 그런 사실이 인간의 타락한 처지를 확실히 나타냅니다. 인간의 마음은 절망적으로 악하고 죄악된 욕망으로 가득하며, 이 계명에 비추어 볼 때 인간이 기대할 수 있는 것은 오직 영원한 저주밖에 없습니다. 십계명의 마지막 명령을 솔직하게 직면한 사람이라면 자신의 죄악과 무력함을 확신할 수밖에 없습니다. 그리고 그것이야말로 십계명의 궁극적인 목적입니다. 율법은 우리의 절망적인 현실을 직시하게 해주며, 그래서 결국 우리로 하여금 오직 그리스도만 바라보게 해줍니다!

율법과 성도

아더 핑크

들어가는 글

거듭나지 않은 죄인은 모두 〈율법주의자〉의 마음을 지니고 있다고 합니다. 실제로 그렇습니다. 또한, 거듭나지 않은 죄인은 동시에 〈도덕률 폐기론자〉의 마음도 지니고 있습니다. 이것이 육신의 생각이 표면으로 드러났을 때 보이는 특징입니다. 육신의 생각은 하나님을 증오하며, 그 증거로 그것은 하나님의 법에 복종치 아니하며 할 수도 없습니다. (롬 8:8) 한 사람의 생각 속에 〈율법주의자〉와 〈도덕률 폐기론자〉의 원리가 동시에 존재한다는 사실이 깜짝 놀랄만한 일일까요? 그렇지 않습니다. 겉으로는 이 두 원리가 반대되는 것처럼 보이지만, 실제로는 전혀 그렇지 않습니다. 마치 증오와 교만이 서로 다른 듯하지만 실제로는 같은 것과 마찬가지입니다. 게으른 종은 주인을 섬기는 것을 매우 싫어하지만, 동시에 자기가 삯을 요구할 만큼 충분히 섬겼다고 생각하며 자부심을 느낍니다. 율법주의자와 도덕률 폐기론자는 마치 헤롯과 빌라도가 손을 잡은 것처럼 서로 연합하여 진리를 대적합니다.

도덕률 폐기론자는 율법을 반대하며 우리는 현재 율법이 필요 없는 시대를 살고 있다고 주장합니다. 이것은 도덕이 사라진 시대를 살고 있다는 말과 다름없습니다. 굳이 오늘날이 법이 없는 시대란 것을 증명하기 위해 시간을 들일 필요는 없을 것 같습니다. 주위를 둘러보면 온통 안타까운 일들이 펼쳐지고 있습니다. 대부분 교회에서 참된 권징이 완전히 사라지고 있는 것을 보면 실제로 도덕률이 폐기된 시대의 예를 보는 것 같습니다. 만일 지금으로부터 두 세대 전이었다면, 현재 교회 명부에 등록된 교인 중에 수많은 자가 이미 제명되고도 남았을 것입니다. 가정도 마찬가지입니다. 아주 드문 경우를 제외하고 대부분 아내는 더 이상 남편에게 복종하지 않고(엡 5:22,24), 그들의 말에 순종하지도 않습니다. (벧전 3:1,2,5,6) 대다수 여자가 결혼식 설교에서 저런 증오스런 구절을 빼달라고 요구합니다. 아이들의 경우도 마찬가지입니다. 부모에게 순종하는 것은 거의 완전히 과거의 일이 되었습니다. 그리고 세상은 어떻게 변했습니까? 결혼 생활은 문란하며 주일을 지키지도 않고 강도질, 폭력, 파업 등 수많은 불법적인 행위가 전역에 넘쳐납니다.

오늘날 이렇게 널리 퍼진 불법의 원인이 무엇이겠습니까? 모든 결과에는 원인이 있기 마련이며, 결과의 특징에 따라 원인이 무엇인지 가늠해볼 수 있습니다. 저는 현대에 인간의 법이 이처럼 경시되는 이유는 사람들이 하나님의 율법을 존중하지 않은 결과라고 확신합니다. 하나님에 대한 두려움이 없는 곳에서는 사람에 대한 두려움도 기대할 수 없습니다. 그러면 어째서 사람들은 하나님의 율법을 이처럼 무시하게 되었을까요? 그것의 원인을 찾는 일은 어렵지 않습니다. 지난 25년 간(20세기 초반) 기독교 교사들이 가르친 내용이 바로 지금 우리가 겪는 현실의 원인입니다.

역사는 반복됩니다. 옛적에 하나님은 에브라임에게 이렇게 말씀하셨습니다.

> 내가 그에게 내 율법의 위대한 것을 써주었으나, 그들은 자기와 무관한 것으로 여겼다. (호 8:12)

하나님은 그분의 율법을 〈위대한 것〉이라고 하셨습니다! 율법은 결코 가볍게 여겨도 되는 하찮은 것이 아니며, 매우 권위 있고 중요하며 가치 있는 것입니다. 하지만 지난 수년간 율법은 우리와 〈무관한 것〉으로 여겨졌습니다. 기독교 교사들은 서로 앞다퉈 율법을 〈속박하는 멍에〉, 〈괴로운 짐〉, 〈무자비한 원수〉라고 깎아내렸습니다. 그들은 율법이 그리스도인이 아니라 이스라엘 백성에게 주어진 것이며 그리스도께서 십자가에서 모두 끝내셨기 때문에 그리스도인은 율법을 〈무관한 것〉으로 여겨야 한다고 나팔 소리처럼 크게 외쳤습니다. 하나님의 백성은 십계명과 전혀 관련이 없다고 경고했습니다. 바울처럼 〈하나님의 법을 섬겼던〉(롬 7:25) 과거의 성도들을 〈율법주의자〉로 몰아붙였습니다. 은혜만 있으면 그리스도의 삶에서 율법은 전혀 필요 없으며 구원을 위해서도 율법은 아무런 역할을 하지 않는다고 단언했습니다. 그리스도인의 안식일에 대해 말하는 사람들을 〈제칠일 안식일 재림교〉와 비슷한 부류처럼 여기며 조롱했습니다. 그들이 바람을 심었으니, 이제는 광풍을 거두는 것이 당연한 일이지 않습니까? (호 8:7)

원인의 성격에 따라 결과의 성격도 결정됩니다. 무엇이든 심는 대로 거두는 법입니다. (갈 6:7) 하나님의 위대한 율법을 무관한 것으로 여긴 자들에게 하나님은 〈에브라임이 죄를 지으려고 많은 제단을 만들었기 때문에, 제단들이 그를 죄짓게 하였다〉(호 8:11)라고 말씀하셨습니다. 그리고 오늘날 많은 기독교 지도자들이 공식적으로 하나님의 율법을 부인하기 때문에, 하나님은 우리의 교회와 가정과 사회에 불법의 풍랑이 몰아치게 하셨습니다.

> 스스로 속이지 마라. 하나님은 업신여김을 받지 않으신다! (갈 6:7)

우리는 몰려드는 파도를 막을 방법이 없으며 기독교 지도자들의 생각이 바뀔 가망도 없습니다. 그들은 이미 공식적으로 입장을 분명히 했고, 과거 역사를 보면 교만한 자들은 결코 자신의 잘못을 순순히 인정하지 않는다는 것을 알 수 있습니다. 그래도 한 가지 희망이 있다면, 20세기 도덕률 폐기론의 영향 아래 있던 사람 중에서 올바른 진리를 깨달을 만큼 영적인 분별력이 충분한 자들이 있을지도 모른다는 것입니다. 제가 지금 이 글을 쓰고 있는 것도 바로 그런 사람들을 위해서입니다.

율법과 은혜

1. 과도한 세대주의

1923년 1월, 맥니콜 박사는 〈과도한 세대주의〉란 글을 발표했습니다. 이 글에서 그는 하나님의 자녀들에게 최근 유행하는 〈낙관적 전천년설〉의 위험성에 대해 경고했습니다. 다음 내용은 맥니콜 박사의 글을 인용한 것입니다.

> 율법과 은혜가 서로 대립하는 것은 위험하다. 율법의 세대와 은혜의 세대를 구분해 서로 대립시키거나 한쪽을 배제하는 해석은 어떠한 것도 안전하지 못하다. 만일 정말로 율법과 은혜가

대립하는 것이라면, 그것은 하나님께서 구약과 신약 시대의 사람들에게 전혀 반대되는 태도를 취하셨다는 의미가 된다. 지난 연구에서 율법과 은혜의 관계에 대한 이런 주장이 하나님의 성품을 얼마나 왜곡시키는지 살펴보았다. 성경은 하나님의 생각을 비춰주는 거울과 같으므로, 어떤 식으로든 그것을 왜곡해서 해석하면 궁극적으로 하나님의 성품까지 왜곡될 수밖에 없다.

율법과 은혜는 상반되는 것이 아니라 성경에서 계시된 것처럼 하나의 조화롭고 점진적인 계획을 구성하는 두 부분이다. 현세대는 흔히 은혜의 시대라고 불리지만, 그것은 오직 은혜에만 속한 시대라서가 아니라 지금이 은혜가 완전하게 드러난 시대이기 때문이다. 요한이 〈율법은 모세에게 받은 것이며 은혜와 진리는 예수 그리스도로 말미암은 것이다〉라고 한 것은 율법과 은혜를 대립시키려는 의도가 아니라 하나의 체계에 속한 서로 연관된 두 부분을 구분한 것일 뿐이다. 율법이 그림자라면, 그리스도는 실체이다. (히 10:1) 율법이 모형이라면, 그리스도는 실물이다. 율법의 뒤를 이은 은혜의 빛을 통해 우리는 예수 그리스도를 깨달을 수 있는 것이다. 사실상 은혜는 태초부터 작용하고 있었다. 에덴에서 인간이 타락하자마자 하나님은 첫 번째 속죄의 약속을 주심으로 은혜가 시작되었다. 모든 속죄는 은혜로 말미암은 것이다. 은혜가 없다면 누구도 구원받을 수 없으며, 심지어 율법 자체도 은혜를 바탕으로 만들어진 것이다.

율법은 이스라엘 백성을 구원하려고 주어진 것이 아니라 그들이 구원을 받았기 때문에 주어진 것이다. 이스라엘 백성은 죽임당한 어린양의 피를 통해 하나님의 권능으로 애굽을 탈출하였다. 여기서 어린양의 피가 하나님의 은혜를 나타내는 상징이다. 율법은 이미 구원받아 여호와께 속한 백성을 위한 삶의 규범으로써 시내 산에서 주어진 것이다. 율법은 시작 부분에 〈나는 너희를 애굽의 땅, 곧 노예의 집에서 구해낸 여호와 너희 하나님이다〉(출 20:2)라는 말로 그들의 구원을 선포하고 있다. 율법은 은혜를 바탕으로 세워졌으며, 그 안에는 구원받은 자로서 하나님의 도덕 명령에 순종해야 한다는 개념이 포함되어 있다. 다시 말해, 이스라엘 백성은 하나님의 은혜로 구원받았기 때문에 당연히 율법도 주어져야 한다는 것이다. 율법은 이미 구원받은 자로서 하나님 앞에서 바르게 행하는 자가 되도록 주어졌다. 율법의 언약은 약속의 언약을 대체하는 것이 아니며, 오히려 약속의 언약을 통해 구원받은 자들이 마땅히 살아야 하는 삶을 제시하는 것이다.

율법은 결코 이스라엘 백성을 구원시키기 위한 행위 언약이 아니다. 이스라엘 백성 중에 경건한 자는 지금 우리와 마찬가지로 하나님의 약속을 믿는 믿음에 의해 구원받았다. 마치 우리가 십자가를 바라보고 믿음으로 이미 성취된 구원을 받아들이는 것처럼, 이스라엘 백성은 제사를 통해 장차 성취될 구원을 바라보았으며 믿음으로 그것을 받아들였다. 구약의 성도나 신약의 성도나 똑같이 오직 예수 그리스도를 통한 하나님의 은혜로 구원받는다.

물론 이스라엘 백성은 율법을 지키지 않았다. 그것은 바울이 로마서에서 지적했듯이 그들의 죄를 밝히 드러내고 인간이 행위를 통해 의롭게 될 수 없다는 사실을 입증하는 것이다. 또한, 그리스도의 사역이 어째서 필요한지도 확실히 보여준다. 하지만 그리스도는 율법을 없애고 전혀 다른 계획을 도입하시지 않았다. 주님은 〈내가 율법을 폐하러 온 것이 아니라 성취하러 온 것이다〉라고 하셨다. 율법의 의무를 없애고 우리를 그것에서 해방하신 것이 아니라, 오히려 율법을 확고히 하고 우리로 하여금 그것을 온전히 지키게 하셨다. 주님은 산상수훈에서(마 5~7장) 율법을 자세히 설명하고 그 의미를 대폭 확장하셨다. 이 설교는 주님의 제자들에게 말씀하신 것이며, 따라서 이것은 제자들을 위한 〈그리스도의 율법〉이다. 율법은 다른 시대의 다른 사람들을 위한 것이 아니며, 바로 이 시대에 사는 그리스도의 백성을 위한 것이다.

물론 우리는 실제로 산상수훈에서 말씀하신 율법을 온전히 지키며 살 수는 없다. 그렇다고 해서 주님은 그것을 그대로 내버려 두지 않으셨다. 산상수훈을 말씀하실 당시에는 구체적으로 밝히지는 않으셨지만, 주님은 결국 제자들이 그분의 율법을 수행할 수 있도록 만들어주실 예정이셨다. 그리스도께서 죽으시고 부활하시고 승천하신 후에 주님이 친히 율법을 성취하는 모범을 보이도록 도우셨던 성령님께서 이제는 제자들의 삶에 들어와 그들로 하여금 율법을 지키게 하셨다. 이로써 율법은 그들의 마음에 새겨졌다. 그들은 더 이상 노예와 같은 겉치레의 복종이 아니라 그들 속에 계신 성령님의 자유로운 인도하심으로 율법에 따라 살게 되었다. 그들이 육신을 따라 행하지 않고 성령을 따라 행할 때 율법의 명령은 온전히 성취된다. (롬 8:1)

이런 은혜는 구약 시대 때 존재하지 않았기 때문에 마치 율법과 다른 완전히 새로운 것처럼 보인다. 이 은혜는 그리스도의 속죄 사역이 성취되고 성령님께서 강림하시기 전에는 실현될 수 없었다. 그래서 이스라엘 백성은 율법에 대해 지금의 그리스도인과 전혀 다른 태도를 보였다. 율법은 자연인의 심령으로서는 도저히 따를 수 없는 복종을 요구했다. 그래서 율법은 인간에게 채권자처럼 결코 갚을 수 없는 죗값을 쌓기만 했다. 이 문제를 해결하기 위해 그리스도께서 십자가에 못 박히셔야 했다. 그뿐 아니라, 그리스도의 죽음과 부활에 참여함을 통해 주님은 우리를 겉으로 순종하는 자연인의 율법에서 벗어나 성령님의 권능으로 마음에 새겨진 율법의 영역으로 들어가게 하신다. 주님은 우리를 변화시켜 내주하시는 성령님의 권능으로 율법을 성취하는 본성을 지닌 〈새 피조물〉로 창조하셨다. 그래서 바울은 〈내가 하나님에 대해 살기 위해 율법을 통해 율법에 대하여 죽었다〉(갈 2:19)라고 하였으며, 또 로마인에게 보내는 편지에서 〈죄가 저희를 지배하지 못할 것이니, 이는 너희가 율법 아래 있지 않고 은혜 아래 있기 때문이다〉(롬 6:14)라고 한 것이다.

이러한 율법에 대한 새로운 관계는 예수 그리스도의 사역을 통해 하나님의 은혜로 말미암은 것이다. 그렇지만 율법은 여전히 남아있다. 율법은 하나님의 성품을 반영하는 것이며 하나님의 도덕 명령이 계시된 것이다. 율법을 없애는 것은 하나님께서 자신을 부정하는 것과 마찬가지이므로 하나님은 결코 그것을 없애지 않으신다. 이것이 은혜의 놀라움이다. 은혜는 율법과 대립하거나 대체하지 않고 오히려 율법과 만나 그것을 온전히 성취할 수 있는 수단을 제공해준다. 은혜로 말미암아 율법을 높이고 존중하는 것은 여호와를 기쁘게 하는 일이다. (맥니콜)

2. 율법과 은혜의 혼동

앞에서 인용한 내용에 저도 전적으로 동의합니다. 구약과 신약이 서로 대립한다는 주장은 매우 피상적이고 잘못된 결론입니다. 구약은 은혜로 가득하며, 신약은 율법으로 가득합니다. 구약과 신약은 나무와 열매의 관계입니다. 흔히, 신약은 구약 안에 담겨 있고, 구약은 신약에 의해 설명된다는 말을 자주 듣습니다. 확실히 그렇습니다! 성경은 전체가 하나입니다. 어떤 부분은 이스라엘 백성에게만 해당하고 어떤 부분은 교회에만 해당하거나 하지 않으며, 전체가 모든 인류를 위해 주신 하나님의 계시입니다. 오늘날에는 이런 잘못된 혼동이 너무도 많이 퍼져 있으며, 이처럼 기초적인 진리에 대해 제대로 말하는 사람이 거의 없습니다.

심지어 프레드릭 그랜트는 말년에 출애굽기 19~20장에 대해 스스로 모순된 내용을 진술하기도 했습니다. 우선 그는 『숫자로 보는 성경The Numerical Bible』에서 다음과 같이 말했습니다.

> 구원이란 한 영혼을 하나님께 인도하고 하나님의 보좌를 그 영혼 안에 세우는 것이며, 율법에 복종하는 것은 우리를 자유롭게 하는 것이다. 또한, 〈율법의 의〉라는 것이 존재하는데, 이것은 율법 자체로는 성취되지 않으며 오직 우리가 육신을 따라 행하지 않고 성령을 따라 행할 때만 성취되는 것이다. (롬 8:4) 각 세대에 속한 것은 스쳐 지나가더라도, 그것에 표현된 하나님의 성품과 요구 사항은 여전히 남아있다. 은혜가 여전히 남아 있다는 것이 이 사실을 증명한다. 그러므로 율법에 복종하는 것은 없어지지 않는다. 첫째, 아무 죗값도 없이 온전히 순종하신 그리스도께서 죗값을 갚을 능력이 없는 우리를 위해 이미 하나님께 무한한 영광을 올려드렸다. 둘째, 이것이 우리로 하여금 개인의 의무에서 벗어나게 하는 것은 아니며, 다만 은혜로 우리 마음이 다시 하나님을 향하게 되어 자발적으로 순종하게 되는 것이다.

저는 이 내용에 완전히 동의하며, 그랜트를 추종하는 자들이 오직 이 내용만 받아들였으면 좋겠습니다. 하지만 그랜트는 다음과 같은 매우 모순되고 오류가 있는 말도 남겼습니다.

하나님의 지혜로, 〈지키면 살 것이다〉라는 원리를 지녔던 율법이, 이제는 영적으로 구원받은 자들에게 〈살았으니 지켜라〉라는 원리를 지닌 믿음의 순종이 될 수 있었다. 하지만 율법 자체에는 여전히 은혜와 반대되는 속성이 남아있다는 사실을 기억해야 한다. 그리스도인은 어떠한 의미에서든 율법 아래 있지 않고 오직 은혜 아래 있다.

이 발언은 명백한 실수이며, 더욱 심각한 것은 이런 실수가 특정 단체에서 하나님의 말씀을 해석할 때 기준으로 삼는 자의 저서에서 나왔다는 점입니다.

3. 율법의 정의

이처럼 잘못된 가르침이 널리 퍼져있기 때문에, 우리는 율법에 관해 성경이 어떻게 가르치고 있는지 진지하고 주의 깊게 살펴볼 필요가 있습니다. 그런데 여기서 〈율법〉은 정확히 무엇을 지칭하는 것일까요? 우선 이 〈율법〉이란 용어부터 분명하게 정의해야만 합니다. 신약에 언급된 율법은 〈하나님의 율법〉(롬 7:22,25 등), 〈모세 율법〉(요 7:23, 행 13:39, 15:5 등), 〈그리스도의 율법〉(갈 6:2) 세 종류가 있습니다. 이 표현들은 결코 동의어가 아니며, 각각을 확실히 구분하지 않으면 율법에 대해 온전히 이해할 수 없습니다.

1) 〈하나님의 율법〉은 이성을 지닌 모든 피조물을 향한 〈창조주〉의 생각을 나타냅니다. 이것은 변하지 않는 하나님의 도덕적 기준이며 모든 인간의 행동을 규제하는 것입니다. 때로는 〈하나님의 율법〉이 하나님의 계시된 뜻 전체를 가리키는 경우도 있지만, 일반적으로는 〈십계명〉을 지칭하는 경우가 많기 때문에 여기서도 십계명으로 한정하여 사용하겠습니다. 이 율법은 태초부터 인간의 도덕적 본성에 새겨져 있으며, 비록 지금은 타락했지만 여전히 이 법을 따라 행동합니다. 이 법은 결코 폐지되지 않으며 그 특성상 폐지될 수도 없습니다. 하나님의 입장에서는 도덕법을 폐지하는 일이 전 우주를 대혼란 상태에 빠뜨리는 것과 마찬가지이기 때문입니다.

하나님의 율법에 복종하는 것은 인간의 최우선 의무입니다. 그래서 이스라엘 백성이 애굽을 탈출한 후에 여호와께서 그들에게 가장 먼저 책망하신 것이 〈너희가 언제까지 내 계명과 율법을 지키지 않겠느냐?〉(출 16:28)였던 것입니다. 하나님께서 이스라엘 백성에게 주신 첫 번째 법규가 도덕법인 십계명이었던 이유도 마찬가지입니다. 또, 신약에 기록된 그리스도의 첫 번째 가르침에서도 주님은 〈내가 율법이나 선지자를 폐하러 왔다고 생각하지 마라. 폐하러 온 것이 아니라 성취하려 함이다〉(마 5:17)라고 말씀하셨으며, 이후에 도덕법을 풀어서 설명하고 더욱 강화하셨습니다. 성령님께서 기록하신 첫 번째 서신서에서도 죄인과 성도들에게 율법이 구원과 구원받은 이후의 삶에 어떤 의미가 있는지 자세하게 가르치고 있습니다. 〈율법〉이란 단어는, 비록 모두가 〈하나님의 율법〉을 의미하는 것은 아니지만, 로마서에서 무려 75차례 등장합니다. 또한, 죄인(롬 3:19)과 성도(약 2:12)는 이 율법에 의해 재판받습니다.

2) 〈모세 율법〉은 여호와께서 이스라엘 백성이 광야에서 생활할 때 주신 입법, 사법, 의식과 관련된 전체 체계를 뜻합니다. 따라서 모세 율법은 오직 과거의 이스라엘 백성에게만 해당하는 것이지 폐지된 것은 아닙니다. 모세 율법이 이방인과 상관없다는 사실은 사도행전 15장에 분명히 명시되어 있습니다.

3) 〈그리스도의 율법〉은 하나님의 도덕법과 같지만, 중보자의 손으로 제정된 것이며(갈 3:19, 딤전 2:5, 히 8:6), 주님의 내면 깊숙한 곳에 있던 법입니다. (시 40:8) 이것은 그리스도께서 〈성취하러〉 오신 율법입니다. (마 5:17) 그리스도인에게 〈하나님의 법〉은 이

제 〈그리스도의 율법〉으로 불립니다. 우리는 피조물로서 〈하나님의 율법을 섬기도록〉(롬 7:25) 되어 있습니다. 그리고 우리는 구원받은 죄인으로서 〈그리스도의 종〉(엡 6:6)이며 〈주 그리스도를 섬기도록〉(골 3:24) 되어 있습니다. 〈하나님의 율법〉과 〈그리스도의 율법〉의 관계는 고린도전서 9장 21절을 통해 명확히 알 수 있습니다. 바울은 자신이 〈그리스도의 율법 아래 있는 자〉이기 때문에 〈하나님의 율법 없는 자가 아니다〉라고 하였습니다. 이것의 의미는 매우 단순합니다. 바울은 인간으로서 여전히 창조주이신 하나님의 도덕법에 순종해야 할 의무가 있지만, 그는 이제 구원받은 자로서 중보자이신 그리스도께 속한 자입니다. 그리스도께서 그를 사셨기 때문에 그는 그리스도의 소유이며, 따라서 〈그리스도의 율법 아래〉 있습니다. 그러므로 〈그리스도의 율법〉은 중보자이며 구원자이신 그리스도의 손에 있는 하나님의 도덕법을 뜻합니다. (출 34:1 이하 참조)

4. 도덕법

하나님의 도덕법과 모세 율법을 구분하는 것에 반대한 분들을 위해 조금 더 자세히 설명하도록 하겠습니다. 하나님께서 직접 이 두 가지의 차이를 우리에게 알려주시기 위해 노력하셨습니다. 도덕법은 형식상 모세 율법에 포함되어 있지만, 그것과는 확연히 구분됩니다. 그 증거는 다음과 같습니다.

첫째, 출애굽기 20장을 시작하는 〈하나님께서 이 모든 것을 말씀하셨다〉라는 표현을 잘 보십시오. 〈여호와께서〉라고 하지 않고 〈하나님께서〉라고 말씀하셨습니다. 이것이 더욱 눈에 띄는 이유는 바로 다음 구절에서 〈나는 너희를 애굽의 땅, 곧 노예의 집에서 구해낸 여호와 너희 하나님이다〉라고 하셨기 때문입니다. 하나님의 호칭은 아무 의미 없이 쓰인 것이 아니며, 각각 서로 다른 특별한 의미를 지닙니다. 〈하나님〉은 창조주를 나타내는 호칭입니다.(창 1:1 참조) 〈여호와〉는 하나님께서 언약 관계를 맺으셨을 때 사용되는 호칭이며, 따라서 창세기 2장에서는 〈여호와 하나님〉이라는 호칭이 사용되었습니다. 창세기 1장에서는 하나님과 그분의 피조물과의 관계가 나옵니다. 창세기 2장에서는 여호와 하나님과 아담의 관계가 나오며, 하나님은 아담과 언약을 맺은 관계입니다.(호 6:7 참조) 따라서 출애굽기 20장이 〈「하나님」께서 이 모든 것을 말씀하셨다〉로 시작된 것은 십계명이 단지 이스라엘(언약의 백성)뿐 아니라 모든 인류에게 주셨다는 확실한 증거입니다. 더욱이, 출애굽기 20장 1절에서는 〈하나님〉이란 호칭이 사용된 반면, 2, 5, 7, 10, 11, 12절에서는 이스라엘 백성에게 직접 말씀하시는 내용이기 때문에 〈여호와〉

란 호칭이 사용된 것을 볼 수 있습니다.

둘째, 여호와께서 이스라엘에게 주신 모든 율법 중에서 오직 십계명만이 하나님께서 장엄한 모습으로 임하셔서 직접 말씀해주신 것입니다.

셋째, 여호와께서 이스라엘에게 주신 모든 규범 중에서 오직 십계명만이 하나님의 손가락으로 석판에 직접 기록해주신 것입니다. 이것은 십계명이 영원히 변하지 않는 규범이란 것을 나타냅니다.

넷째, 오직 십계명만 법궤에 보존되었다는 사실을 보더라도, 십계명이 다른 율법처럼 이스라엘 백성에게만 적용되는 규범이 아님을 알 수 있습니다. 성막은 하나님의 특별한 지시로 만들어졌으며, 그 안에는 십계명이 기록된 두 개의 석판이 들어있는 법궤를 두었습니다. 법궤는 튼튼한 나무로 만들었으며 안팎으로 도금되었습니다. 그 위에는 백성 가운데 임하신 여호와의 보좌를 상징하는 속죄소가 있었습니다. 성막이 세워지고 법궤가 들어서기 전까지는 여호와께서 이스라엘 백성 중에 거하시지 않았습니다. 이것은 도덕법이 하나님께서 그분의 백성을 통치하실 때 사용하는 토대란 사실을 나타내는 것입니다.

이처럼 〈하나님의 율법〉, 곧 십계명은 〈모세 율법〉과 확연히 구별됩니다. 도덕법을 제외한 나머지 〈모세 율법〉은 오직 이스라엘 백성을 위한 것이며 이방인 개종자에게는 적용되지 않습니다. 하지만 하나님의 도덕법은 모세 율법과 달리 모든 인간에게 적용됩니다. 이것을 확실히 구분할 수 있어야 합니다. 이미 언급했듯이, 십계명은 모든 피조물을 향한 창조주의 뜻을 담은 것이며, 이스라엘 백성은 하나님과 언약을 맺은 첫 피조물이었기에 하나님은 그들에게 모세 율법을 주시기 전에 도덕법을 주신 것입니다. 신명기 5장에 십계명이 반복해서 나오는 것도 이런 이유에서입니다. 출애굽기 20장이 하나님의 피조물에게 선포된 것이라면, 신명기 5장은 여호와께서 언약을 맺은 이스라엘 백성에게 선포된 것입니다. 신명기 5장에서는 〈하나님께서 이 모든 것을 말씀하셨다〉라는 말이 없습니다! 이것으로 대다수 작은 차이점이 정리됩니다. 예를 들면, 많은 사람이 어째서 안식일은 거룩하게 지켜야 하면서 이스라엘 백성이 지켰던 안식년과 같은 다른 절기는 지키지 않아도 되는지 궁금해 합니다. 그 이유는 이방인 및 그리스도인에게는 오직 도덕법만이 적용되기 때문입니다. 그렇다면 오늘날에도 안식일을 더럽힌 자를 사형에 처해야 할까요? (출 31:14) 그것은 모세 율법에 속한 것이며 하나님의 도덕법에 속한 것이 아니기 때문에 지키지 않아도 됩니다. 그것은 석판에 새겨진 율법이 아니므로 오직 이스라엘 백성에게만 관련된 것입니다.

이후로는 십계명과 관련된 신약의 가르침에 대해 더욱 자세히 살펴볼 예정입니다. 우선, 그리스도인은 율법과 상관없다는 주장에 반박하는 구절을 살펴볼 것입니다. 다음에는 모든 사람이 하나님의 율법에 순종해야 한다는 내용을 담은 증거 구절을 찾아볼 것입니다. 〈그리스도인의 안식일〉과 〈그리스도인의 자유〉에 관해서는 별도의 책에서 자세히 논하려고 합니다. 우리의 이해력이 밝아지고 마음이 통제되어 하나님께서 주신 계명대로 달려갈 수 있도록 하나님께서 은혜를 내려주시길 기도합니다.

율법 폐기론의 오류

1. 율법과 성도의 관계

율법과 성도는 어떤 관계에 있을까요? 여기서 율법은 하나님께서 손가락으로 석판에 새겨주신 십계명을 말하며, 성도는 현시대를 살고 있는 믿는 자를 의미합니다. 그러면 지금의 그리스도인과 옛 모세 시대 때 공표된 십계명 사이에는 어떤 관련이 있을까요? 사실 하나님의 백성에게서 이런 질문이 나온다는 것 자체가 매우 안타까운 일입니다. 한때는 이 주제에 대해 모르는 그리스도인을 찾아보기 어려웠던 시절도 있었습니다. 예전에는 그리스도인 부모가 자녀에게 가장 처음으로 외우게 한 것이 바로 십계명이었습니다. 하지만 오늘날에는 상황이 완전히 달라졌습니다. 이제는 율법과 성도의 관계가 무엇인지 성경적으로 명확하게 답변할 수 있는 사람을 찾아보기가 매우 어렵습니다. 또한, 십계명을 암기할 수 있는 아이도 거의 없습니다.

율법과 성도에 대한 현대의 가르침은 성경의 다른 거의 모든 주제와 마찬가지로 굉장히 많은 논쟁을 불러일으키고 있습니다. 실제로 모든 기독교 교사가 한 목소리로 일치하는 교리는 거의 존재하지 않습니다. 교회의 진리와 의식에 관해 얼마나 의견이 분분한지 모릅니다! 예언에 대한 해석도 굉장히 다양합니다! 성화의 교리에 관해서도 서로 조화를 이루지 못합니다. 마찬가지로 율법과 성도의 관계에 관해서도 많은 혼동이 있습니다. 아브라함이 우리 모두의 조상으로서 하나님의 부르심을 받고 고향을 떠나 장차 유업을 받을 땅으로 가기 직전에(창 12장) 온 땅의 언어가 혼잡스럽게 된 것처럼(창 11장), 하나님의 백성이 부르심을 받고 이 땅을 떠나 천국의 유업에 이르기 직전에(벧전 1:4) 신학 세계의 언어도 혼잡스럽게 되는 법입니다. 하나님께서 지금처럼 신학이 혼잡스럽게 되는 것을 허락하신 이유는 다음 구절에 명백하게 명시되어 있습니다.

> 너희 중에 옳다고 인정받는 자들이 드러나려면 너희 가운데 분파도 있어야 한다. (고전 11:19)

율법은 성도에게 무슨 의미가 있을까요? 세 종류의 답변이 있습니다.

1) 죄인이 성도가 되려면 율법에 복종해야 한다.
2) 율법은 믿는 자들이 따라야 할 삶의 규범이다.
3) 율법은 오늘날의 성도와 아무 상관도 없다.

첫 번째 답변을 주장하는 자들은 율법이 하나님께서 인간에게 무엇을 요구하는지 정의한 것이기 때문에 인간은 하나님께 받아들여지려면 반드시 율법을 지켜야만 한다고 가르칩니다. 두 번째 답변을 주장하는 자들은 율법이 삶의 기준을 보여주는 것이며 신약 시대의 기준은 구약 시대와 다르지 않고 오히려 더욱 확장되었다고 가르칩니다. 세 번째 답변을 주장하는 자들은 율법은 우리를 속박하고 괴롭히는 멍에일 뿐이며 이제는 그리스도인과 전혀 관련이 없다고 가르칩니다. 첫 번째는 말 그대로 율법주의이며 행위 구원을 말합니다. 두 번째는 진정한 그리스도인의 자유를 말합니다. 세 번째는 도덕률 폐기론이며 하나님의 통치를 거절하는 것입니다. 교황이 지배하던 중세 시대에는 첫 번째 관점이 널리 퍼졌습니다. 두 번째 관점은 종교개혁가와 청교도의 시기에 널리 퍼졌습니다. 세 번째 관점은 19세기에 두드러지기 시작해 지금은 매우 큰 인기를 얻고 있습니다.

우리를 둘러싼 신학적 혼란에서 벗어나 하나님의 진리가 있는 고요한 성소로 들어갈 수 있는 것은 참으로 감사한 일입니다. 그러기 위해 이제 인간들의 다툼은 멀리하고 하나님께서 이 주제에 관해 무엇이라 말씀하셨는지 귀를 기울이도록 하겠습니다. 여러분도 분명 그것을 원하실 것이라고 믿어 의심치 않습니다. 혹시라도 너무 자신만만하여 율법이 믿는 자에게 어떤 의미가 있는지에 대한 성경의 가르침을 자세히 살펴볼 필요가 없다고 생각하는 분은 없기를 바랍니다. 저는 이것이 꼭 필요한 일이라고 생각하며 여러분도 그렇게 여기셨으면 합니다. 우리는 인간 교사들의 가르침을 공부하고 너무 쉽게 자기의 신학적 관점으로 삼는 경우(그것이 옳든 그르든)가 많습니다. 하지만 우리는 베뢰아 사람들의 자세를 본받아 우리가 읽고 들은 것이 과연 하나님의 말씀과 일치하는지 〈매일 성경을 살피며〉 확인해야 합니다. (행 17:11) 더욱이 〈만일 누군가 무엇을 안다고 생각하면, 그는 아직 알아야만 할 것을 전혀 알지 못하는 것이다〉(고전 8:2)라는 말씀을 잊으면 안 됩니다. 그러므로 우리는 늘 하나님께서 조명해주시길 구하며 겸손하게 말씀의 가르침에 귀를 기울여야 합니다.

오늘날 믿는 자에게 율법이 어떤 의미가 있는지에 관한 성경 구절을 살펴보기 전에, 우선 율법이 하나님의 백성과 전혀 관련이 없다고 주장하는 자들이 제시하는 본문을 다루어보겠습니다. 이런 구절을 최대한 선입견 없이 살펴보며 그것의 진정한 의미가 무엇인지 알아보도록 합시다.

2. 로마서 2장 12~14절

> 율법 없이 죄지은 자는 율법 없이 망한다. 율법이 없는 이방인이 본능적으로 율법의 내용을 행한다면, 그것이 곧 그들에게 율법이 된다. (롬 2:12,14)

사실 이 구절은 성도가 아닌 사람들에 관한 내용이기 때문에, 지금 우리가 다루는 주제에는 조금도 영향을 주지 않습니다. 하지만 이 구절이 넓은 의미에서 율법이란 주제와 연관되어 있으며 오늘날 성도들은 율법이 필요 없다고 주장하는 자들이 자주 애용하는 말씀이기도 하기 때문에, 여기서 간단히 언급하고 넘어가도록 하겠습니다.

제가 존경하는 인물 중에서 이 주제에 관해 다르게 생각하는 사람도 있는데, 그들은 율법이 오직 이스라엘 민족에게만 주어진 것이기에 이방인과 그리스도인은 율법을 지킬 의무가 없다고 단언합니다. 율법이 공식적으로 시내 산에서 이스라엘 백성에게 수여된 것은 사실입니다. 그런데 이 사실만으로 꼭 야곱의 후손에게만 율법이 의미가 있다고 할 수 있을까요? 그렇지 않습니다. 바울은 로마에 있는 성도들에게 쓴 편지에서 〈이제 우리가 율법에서 풀려났다〉(롬 7:6)라고 말했습니다. (그들 중 대다수는 이방인이었습니다. 롬 1:13, 11:13, 15:15~16 참조) 또, 바울은 〈육신의 생각은 하나님을 증오하니, 이는 그것이 하나님의 법에 복종치 아니하며 할 수도 없기 때문이다〉(롬 8:7)라고 했습니다. 여기서 그는 〈유대인의 생각〉이라 하지 않고 유대인과 이방인을 포함하여 〈육신의 생각〉이라고 표현했습니다. 인간이 하나님의 율법에 복종해야 할 필요가 없다고 한다면, 바울의 이런 발언은 아무런 의미도 없게 됩니다. 인간의 생각은 율법에 복종해야 함에도 불구하고 복종하지 않으며 본성이 타락한 탓에 할 수도 없습니다. 또한, 바울은 에베소서 2장 2절에서 악한 자들을 〈불순종의 자녀〉라고 했습니다. 그런데 인간에게 하나님의 계명에 순종해야 할 의무가 없다면 불순종이란 말 자체가 성립이 안 됩니다. 이런 구절을 통해 이방인도 유대인과 마찬가지로 〈율법에 속해〉 있다는 사실이 충분히 입증됩니다.

이제 다시 본문을 살펴보겠습니다. 이 구절의 의미는 단순합니다. 즉, 이방인은 십계명이 새겨진 두 개의 석판을 받은 적도 없고 계명이 기록된 성경을 소유한 적도 없다는 소리입니다. 그런데 바울은 또한 이런 이방인이 〈자기 마음에 새겨진 율법의 행위를 보인다〉(롬 2:15)라고 했습니다. 이 구절들에 대해 스티플러 교수는 〈14절에 담긴 의미는 이방인도 도덕법에 상응하는 무언가를 지녔다는 것이다〉라고 잘 정리했습니다. 〈이방인들 안에도 법이 있다〉는 말은 하나님께서 그들에게도 유대인과 마찬가지로 〈옳고 그름의 기준〉을 주셨다는 의미입니다. 유대인은 석판과 성경에 기록된 법이 있고, 이방인은 〈마음에 기록된〉 법이 있습니다.

> 이것으로 보아, 모세를 통해 이스라엘 백성이 받은 도덕법은 다름 아닌 창세 때 하나님께서 인간 본성에 새기신 도덕법의 필사본 또는 요약일 뿐이라고 할 수 있다. 그러므로 도덕법은 출애굽 시대에 완전히 새롭게 주어진 것도 아니고 이스라엘 백성에게만 독점적으로 주어진 것도 아니며, 모든 민족에게 주신 선물이다. 따라서 도덕법은 영구적으로 유효하다. (윌리엄 미드)

3. 로마서 6장 14절

너희는 율법 아래 있지 않고 은혜 아래 있다. (롬 6:14)

이것은 율법이 오늘날 성도와 관련 없다고 하는 자들이 가장 즐겨 인용하는 구절입니다. 〈율법 아래 있지 않다〉라는 표현은 너무도 분명해서 반박의 여지가 없어 보입니다. 하지만 성경의 다른 모든 구절과 마찬가지로 이것 역시 〈문맥에 비추어〉 잘 살펴보고 해석해야 합니다. 문맥에는 〈먼 문맥〉과 〈가까운 문맥〉이 있습니다. 먼 문맥은 해당 서신서 전체를 의미합니다. 어떤 구문을 해석하든지 항상 이것을 먼저 고려해야 합니다. 성경을 잘못 해석하거나 적용하는 경우는 대부분 이것을 소홀히 한 탓에 발생합니다. 여기서 유념해야 할 것은 〈너희는 율법 아래 있지 않고 은혜 아래 있다〉라는 표현이 히브리서에서 나온 것이 아니라 로마서에서 나왔다는 점입니다. 이것 자체만으로 〈율법 아래 있지 않다〉라는 표현이 다른 의미로 사용되었다는 것을 알 수 있습니다. 율법이 정말로 폐지되었다면, 히브리서야말로 다른 어떤 서신서보다 그 사실을 명확히 담고 있었을 것입니다. 히브리서의 주제는 기독교가 유대교보다 우월하다는 것입니다. 이런 내용을 말하면서 사도는 유대교의 주요 특징이 어떻게 폐기되지 않고 유지되는지 반복해서 설명합니다.

히브리서 7장에서는 제사장직이 아론의 후계자에서 멜기세덱의 후계자로 바뀌었다는 것을 설명했고, 8장과 9장에서는 옛 언약이 새 언약으로 대체된 것을 말했습니다. 그런데도 사도는 율법이 은혜로 대체되었다는 말은 전혀 하지 않았습니다.

〈율법 아래 있지 않고 은혜 아래 있다〉라는 표현은 로마서에 등장하는 것이며, 로마서의 핵심 주제는 〈하나님의 의〉입니다. 로마서에서 바울은 인간이 하나님의 의를 얼마나 필요로 하며, 하나님의 의가 어떻게 믿는 자의 소유가 될 수 있으며, 하나님의 의를 소유한 자에게는 법적으로 어떤 결과가 발생하고, 그 결과 우리의 행동은 어떻게 변화되는지에 대해 설명하고 있습니다. 로마서의 전반부 8장은 복음의 경험적 측면보다 사법적 측면을 주로 다루고 있습니다. 특별히 5장과 6장은 칭의와 그것으로 인한 결과에 대한 내용입니다. 이런 사실에 비추어 보면 본문의 참된 의미를 이해하는 것은 그리 어렵지 않습니다. 〈너희는 율법 아래 있지 않고 은혜 아래 있다〉라는 말은 〈너희는 무상으로 의롭게 되는 체계 아래 있다〉라는 의미입니다.

> 이 구절을 바르게 해석하려면 로마서 전반부 전체를 이해해야 한다. 바울은 우리가 어떻게 하나님께 용납되는지에 대해 이야

기한다. 그러면서 〈율법의 행위〉가 아니라 〈값없이 받는 은혜〉로 죗값에서 벗어나 의롭게 되는 것을 말하며, 그 내용을 한 문장으로 짧게 다시 언급한 것이다. 그러면서 우리가 얻은 이 영광스러운 해방은 우리의 노력을 통해 얻은 자격증이 아니라 하나님의 주권적인 명령이라는 사실을 상기시킨다. (핸들리 모울)

〈너희는 율법 아래 있지 않고 은혜 아래 있다〉는 모세 율법과 그리스도의 복음을 마치 하나님께서 주신 두 종류의 계획처럼 여기며 대조하는 것이 아닙니다. 이 구절은 〈율법에 의한 칭의〉와 〈은혜에 의한 칭의〉를 대조하는 것입니다. 율법에 의한 칭의는 인간이 만들어낸 거짓이며, 은혜에 의한 칭의는 하나님께서 주신 진리입니다.

율법 아래 있다는 말은 율법의 행위 언약에 지배받는다는 의미이다. (그리피스 토마스)

여기서 〈율법〉과 〈은혜〉는 로마서 3장 27절에 나오는 〈행위의 법〉과 〈믿음의 법〉을 다르게 표현한 것입니다! 〈율법 아래 있지 않고 은혜 아래 있다〉는 말은 신약의 성도만이 아니라 구약의 성도에게도 똑같이 적용되는 진리입니다. 성경에서 이 주제는 천사, 아담, 모세, 여호수아, 아론, 레위 지파보다 높으신 그리스도의 우월성을 보이면서 점차 발전하며, 이것이야말로 기독교의 중심이자 생명력입니다. 갈렙, 여호수아, 다윗, 엘리야, 다니엘도 오늘날 그리스도인 못지않게 〈율법 아래〉 있지 않았습니다. 그들도 우리와 마찬가지로 칭의의 문제와 관련되어 〈은혜 아래〉 있었습니다.

〈율법 아래 있지 않다〉라는 말은 도덕법을 따라야 할 의무가 없다는 뜻이 아니다. 그것은 율법을 지킴으로 구원을 받는 것이 아니라는 의미이다. 바울은 이 구절에서 〈그리스도인은 칭의와 성화의 실제적인 수단으로써 율법 아래 있는 것이 아니다〉라고 주장한다. 그렇지 않다면 그들은 반드시 멸망에 이르며 아무런 소망도 없었을 것이다. 이것이 바울이 의도한 것이란 사실은 다음에 이어지는 내용을 통해 분명히 알 수 있다. (롬 6:15~8:39) 바울은 도덕법을 우리가 지켜야 할 〈계명〉으로써 온전히 인정한다. (롬 7:12~14) 바울은 전혀 도덕법을 무시하거나 폐지하려고 하지 않았다. 오히려 율법이 할 수 없었던 일, 곧 우리로 하여금 도덕법에 순종할 수 있게 하기 위해 복음이 존재하는 것이라고 말한다. (롬 8:3~4) 그래서 바울은 율법의 행위에 의해 의롭게 되려는 것에서 자유하라고 선포하는 것이다. 그러므로 이 구절을 근거로 그리스도인은 도덕법을 지킬 의무에서 자유롭다고 주장해서는 안 된다. 하나님의 율법은 하나님의 뜻을 그대로 기록해놓은 것이다. 그렇다면 그리스도인이 그것을 따르는 것이 당연하지 않은가? 모든 율법은 〈온 마음을 다해 여호와를 사랑하라〉와 〈네 이웃을 너 자신처럼 사랑하라〉라는 두 가지 명령으로 요약할 수 있다. 그리스도인이 하나님과 이웃을 사랑하는 일을 그만둘 수 있는가? 그렇지 않다면 이 구절을 다른 식으로 오해할 근거는 전혀 없다. (모세 스튜어트)

로마서 6장 14절 말씀의 뜻은 뒤에 이어지는 내용을 이해하면 더욱 분명해집니다. 바로 다음 구절에서 바울은 〈그러면 어찌하겠느냐? 우리가 율법 아래 있지 않고 은혜 아래 있기 때문에 죄를 지어야 하겠느냐? 그것은 하나님께서 금하신다〉(롬 6:15)라고 했습니다. 바울은 이미 〈율법을 통해 의롭게 되는 것이 아니라면 우리는 법 없이 살아야 하는가?〉라는 반론을 예상하고 이 말을 한 것입니다. 성령님은 바울을 통해 〈하나님께서 금하신다〉라고 답변하십니다. 도덕법이 성도의 삶에 대한 규범이 아니라고 한다면, 그들은 아무 거리낌 없이 하나님의 계명을 무시하며 살 것이 분명합니다. 하지만 바울은 이런 오류를 완강하게 부정합니다. 칼빈은 이 구절을 다음과 같이 설명합니다.

율법 아래 있지 않다는 것이 율법에 담긴 하나님의 의가 폐지된 것이라고 생각한다면 큰 오산이다. 율법 아래 있지 않다고 해서 올바른 삶에 대한 율법의 가르침이 사라지는 것은 아니다. 그리스도께서 이것을 인정하셨으며 결코 율법을 폐지하지 않으셨다. 율법 아래 있지 않다는 것은 은혜 없는 자들이 복종해야 했던 율법의 저주가 사라졌다는 의미로 해석하는 것이 옳다. (칼빈)

바울은 로마서 6장의 마지막 부분까지 성도들은 비록 율법을 통해 의롭게 되는 것은 아니지만, 그럼에도 율법을 그리스도인으로서 삶의 규범으로 삼으며 도덕법을 따라야 할 의무가 있다고 말합니다. 바울은 18절에서 〈너희는 죄에서 해방되어 의의 종(노예)이 되었다〉라고 합니다. (이것은 15절의 질문에 대한 답변에 해당합니다.) 또, 22절에서는 〈그러나 이제는 죄에서 해방되어 하나님의 종이 되었고, 거룩함의 열매를 맺고 있다〉라고 합니다. 주의할 점은 여기서 〈그리스도의 종〉이나 〈아버지의 종〉이라 하지 않고, 율법을 제정하신 분에게 복종해야 한다는 것을 강조하기 위해 〈하나님의 종〉이라고 했다는 사실입니다. 이것은 바울이 7장 25절에서 〈내가 마음으로는 하나님의 율법을 섬긴다〉라고 고백한 것을 통해 더욱 확실해집니다.

4. 로마서 7장 4~6절

> 형제들아, 이처럼 너희도 율법에 대해 죽었다. 이제는 우리가
> 율법에서 해방되었다. (롬 7:4,6)

이 구절을 제대로 이해하려면 로마서 7장 1~6절의 내용을 전부 설명해야 하지만, 그러려면 너무 많은 분량을 차지하기 때문에 여기서는 두 구절의 의미만 간단히 살펴보도록 하겠습니다. 이것은 믿는 자에게 전가된 하나님의 의로 인해 발생한 결과를 다루는 과정에서 나온 내용입니다. 로마서 4장은 하나님의 의가 우리에게 전가되는 것을 다루고 있으며, 5장부터 8장까지는 그것의 결과에 대해 이야기하고 있습니다. 요약하면 다음과 같습니다.

1) 칭의와 화목 (5:1~11)
2) 마지막 아담이신 그리스도와 동일시 (5:12~6:23)
3) 율법의 저주에서 해방 (7:1~25)
4) 영원히 보존됨 (8:1~39)

그러므로 이 부분은 인간의 관점보다 하나님의 관점을 주로 다루고 있다고 할 수 있습니다. 7장 4절에서 〈율법에 대해 죽었다〉라는 표현은 6장 2절의 〈죄에 대해 죽었다〉와 평행을 이룹

니다. 이 두 가지 죽음은 모두 주관적이 아니라 객관적인 것이며, 실제적인 것이 아니라 사법적인 측면에서의 죽음입니다. 하나님께서 율법을 폐지하신 것이 아니라 〈그리스도의 몸으로〉 우리가 율법에 대해 죽게 된 것입니다. 다시 말해, 우리는 대속물 되신 그리스도 덕분에 율법에 대해 간접적으로 죽었습니다. 마찬가지로 우리를 묶고 있던 율법에 대해 죽었기 때문에 율법에서 해방되었습니다. 우리는 그리스도 안에서 사법적인 위협과 의식법에 대해 죽었습니다.

> 여기서 〈율법〉은 유대인과 이방인 모두에게 적용되는 법을 가리킨다. 다시 말해, 이 법은 모든 인간의 마음에 새겨진 율법이며, 유대인이 의지했던 율법이었다. (롬 2:17) 이 율법에는 유대인과 이방인 모두를 향한 하나님의 뜻이 전부 담겨 있다. 바울의 편지를 받는 사람은 그들이 회심하기 전이었을 당시에 모두 이 율법 아래 있었다. 바울은 이 구절을 비롯해 나머지 모든 장에서 오직 도덕법만을 이야기하고 있다. 그는 율법의 문제가 모두 해결되고 그것의 권세에서 벗어나 자유를 누린다는 의미로 〈율법에 대해 죽었다〉라고 한 것이다. 비록 율법은 여전히 믿는 자에게 지켜야 할 의무로 남아있지만, 더 이상 생명을 얻기 위해 복종을 요구하는 것은 중단되었다. (동시에 율법의 저주도 중단됨

으로, 믿는 자에게는 더 좋음_지은이) 이제 우리는 율법에서 해방되었다. 그리스도께서 율법을 성취하셨으며 우리를 위해 율법에 의한 형벌을 모두 대신 받으셨다. 그 결과 우리는 더 이상 생명을 얻기 위한 목적이나 죽음을 피하기 위한 목적으로 율법에 복종하는 것에서 자유롭게 되었다. (로버트 홀데인)

로마서 7장 4~6절에 대해 한 가지 더 설명해야 할 것이 남아 있습니다. 어떤 사람은 이것이 전부 유대인 신자에게만 해당하는 내용이라고 주장합니다. 하지만 그렇지 않습니다. 바울이 1절에서 〈내가 율법(헬라어 원문에는 정관사 the가 없음)을 아는 자들에게 말한다〉라고 했을 때, 그는 편지의 수신자들이 〈율법은 사람이 살아 있는 동안에만 그를 지배한다〉는 원리를 충분히 이해하고 있다는 가정 아래 이야기한 것이었습니다. 만일 여기서 바울이 수신자를 유대인 신자로 제한했다면 아마도 〈나는 너희 중에서 특별히 그 율법(the Law)을 아는 자에게 말한다〉라고 했을 것입니다. 바울이 〈형제들아 너희가 알지 못하느냐〉(롬 7:1), 〈나의 형제들아〉(롬 7:4)라고 했을 때, 그는 확실히 그리스도 안에 있는 형제들을 염두에 둔 것입니다. (롬 1:13 참조) 바울이 유대인을 대상으로 말할 때는 〈내 형제, 곧 내 육신의 동족들아〉(롬 9:3)라고 분명히 밝힙니다. 마지막으로, 로마서 7장 4~5절에서 바울이 〈너희)와 〈우리〉를 교대로 사용한 것을 주의 깊게 보아야 합니다. 4절에서 〈너희 또한〉이라고 강조한 것은 3절의 내용이 이스라엘 백성뿐 아니라 모든 그리스도인에게 적용됨을 알리기 위한 것입니다.

> 갈라디아서에 나오는 율법에서의 해방은 모든 성도가 하나님의 자녀가 되었다는 사실을 알려주며, 로마서에 나오는 율법에서의 해방은 모든 성도가 그리스도와 연합되었다는 사실을 알려준다. 그런데 두 곳 모두 성도들이 예전에는 율법 아래 속박되어 있었으며 이제는 해방된 것으로 보고 있다. 이것은 모든 시대의 성도들이 동일한 죄책에서 벗어났고, 동일한 율법의 저주에서 해방되었으며, 동일한 멸망에서 구원받았다는 사실을 보여주기 위한 성령님의 계획임이 분명하다. 이 모든 것은 그리스도의 죽음으로 성취된 것이며, 우리도 모두 그분 안에서 함께 죽었다. (찰스 캠벨)

5. 로마서 10장 4절

그리스도는 모든 믿는 자의 의를 위한 율법의 종결이시다. (롬 10:4)

사람들은 이 구절에서 주로 〈그리스도는 율법의 종결이시다〉라는 부분만 인용하곤 합니다. 하지만 이 구절의 의미는 그것이 전부가 아닙니다. 그리스도는 하나님 앞에서 〈의를 위한 율법의 종결〉이십니다. 문맥을 보면 이 표현의 범위와 의미를 명확하게 알 수 있습니다. 바울이 말하려는 것은 이스라엘 백성이 하나님의 의에 대해 무지했으며 그들이 지금까지 했던 자기의를 쌓는 행위는 이제 종결되었다는 사실입니다. 여기서 바울은 〈칭의〉에 관해 이야기하고 있으며, 믿는 자의 삶에 대해서 이야기하는 것이 아닙니다. 토마스 찰머스는 이렇게 말했습니다.

> 그리스도께서 율법의 종결이 된다는 의미는, 마치 초등교사가 마지막 수업에서 최종 결론을 내리듯이, 그리스도께서 우리의 유일한 피난처이며 의가 되신다고 결론을 낸다는 것이다. 우리는 그리스도와 함께함으로 사법적인 의미에서 필요한 의를 모두 종결지었다. 그리고 유대인들은 그리스도께 복종하지 않음으로써 그들에게 율법을 주신 하나님께 불복종하고 있었다. (토마스 찰머스)

6. 고린도후서 3장

고린도후서 3장도 율법이 완전히 폐지되었다고 주장하는 자들이 자주 인용하는 말씀입니다. 그들은 〈없어진 것〉(11절)과 〈폐지된 것〉(13절)이란 표현이 〈돌에 새겨진〉(7절) 십계명을 가리키는 것이라고 생각합니다. 이것이 잘못되었다는 것은 쉽게 증명됩니다. 바울은 다른 서신서에서 여러 번 십계명을 인용하고 강조하였습니다. (롬 13:9, 엡 6:2) 이것만 하더라도 도덕법이 〈없어진 것〉이 아니란 사실은 충분히 증명됩니다. 또한, 성경의 여러 구절에서 율법은 〈폐지되지〉 않는다고 분명히 말하고 있습니다. (사 2:2~3, 렘 31:33)

고린도후서 3장에서(또한 다른 서신서에서도) 바울은 〈거짓 사도〉에 맞서 논쟁을 펼칩니다. (고후 2:17, 6:1, 11:3~4, 13, 22 참조) 그들은 그리스도를 배제하고 율법을 가르쳤으며 하나님의 백성을 꾀어 새로운 언약의 축복에서 떠나도록 했습니다. 결국 바울은 여기서 믿는 자의 도덕적 행동 지침을 위한 율법을 이야기한 것이 아니라 죄인을 정죄하는 역할을 위한 율법에 대해 말하는 것입니다. 그는 하나님께 받아들여지기 위해 다시 율법으로 돌아가야 한다는 거짓 사도들의 어리석은 가르침을 지적하고 있습니다. 그러기 위해 바울이 사용한 방법은 옛 언약과 새 언약을 대조하며 새 언약이 얼마나 우월한지 보이는 것입니다. 바울은 그리스도가 없다면 옛 언약은 그저 정죄와 죽음을 선포하는 역할만 할 뿐이며, 영혼이 없는 몸이 죽은 것처럼 그리스도 없는 율법은 생명력 없는 〈문자〉일 뿐이라고 합니다. 이처럼 고린도후서 3장은 기독교와 유대교를 대조하는 것입니다. 〈없어진 것〉은 옛 언약이며, 〈폐기된 것〉은 의식법입니다.

7. 갈라디아서

갈라디아서에는 율법 폐기론자들이 애용하는 구절이 매우 많습니다. (갈 2:19, 3:13, 3:23~25, 4:5, 5:18 등) 이 구절들을 이해하려면, 우선 갈라디아서 전체의 주제와 특징을 확실히 알고 있어야 합니다. 갈라디아서의 주제는 〈믿는 자가 율법에서 해방됨〉입니다. 또, 갈라디아서의 특징은 유대주의자 때문에 흔들리는 그리스도인에게 믿음의 확신을 주기 위해 쓰였다는 것입니다. 그런데 이 서신서를 주의 깊게 읽어보면, 여기서 우리가 해방되었다고 하는 것이 율법의 도덕적 행동 지침이 아니라 율법의 저주와 형벌을 의미한다는 사실을 알 수 있습니다. 그리고 바울이 싸우던 유대주의 이단은 성도들에게 삶의 기준으로써 십계명을 권장한 것이 아니라 구원을 받기 위해서는 먼저 율법의 행위를 모두 따라야 한다고 주장했습니다. (행 15:1)

갈라디아에서 있었던 혼란은 율법주의와 의식주의였다. 엄밀히 말하면 이 둘은 똑같은 것이다. 구원을 받기 위해 율법을 완벽히 지켜야 한다고 주장하는 것은 결국 필연적으로 율법주의의 최악의 형태인 의식주의로 빠지기 때문이다. 갈라디아서 전체를 살펴볼 때, 당시 갈라디아인은 하나님께 인정받기 위해 율법에 의존하려 했음이 분명하다. (무어헤드)

갈라디아서의 목적은 그들이 받았던 온전한 복음을 회복시키기 위한 것이다. 그들은 복음을 인간의 행위, 의식, 자유의지, 공로 등과 혼합하였고, 그래서 온전한 복음을 거의 잃어버릴 뻔했다. (조지 비숍)

갈라디아서의 핵심 주제는 〈믿는 자는 어떤 행동 기준을 따라야 하는가〉에 대한 것이 아니라 〈죄인이 구원을 받는 근거가 무엇인가〉에 관한 것입니다. 그 증거로, 바울은 유대주의자들을 가리켜 노골적으로 〈그리스도의 복음을 왜곡하는 자〉(갈 1:7)라고 하였습니다. 또, 〈하나님께서 보시기에 아무도 율법으로 의롭다고 여겨지지 못한다는 것은 명백하다〉(갈 3:11)라는 구절도 갈라디아서가 무엇에 관해 이야기하고 있는지 보여줍니다. 〈내가 할례를 받는 모든 자에게 다시 증언하니, 그런 자는 전체 율법을 모두 지켜야 할 것이다〉(갈 5:3, 6:15 참조)라는 구절에서는 유대주의자의 오류가 무엇인지 지적합니다. 그래서 〈그리스도가 너희 율법으로 의롭게 되려는 자에게는 아무런 효력이 없게 되었으며, 너희는 은혜에서 떨어졌다〉(갈 5:4)가 갈라디아서 전체의 주제인 것입니다. 〈은혜에서 떨어지는 것〉은 십계명을 지키는 그리스도인에게 하는 말이 아니라 의롭게 되기 위해서 율법의 행위를 하는 자들에게 한 말입니다. 칭의에 관해서는 율법과 복음이 결코 함께할 수 없습니다. 이 두 가지를 섞으려고 시도하는 것은 율법의 존엄성과 복음의 은혜를 동시에 훼손하는 일입니다.

> 〈우리는 더 이상 초등교사 아래 있지 않다〉(갈 3:25)는 말은 더 이상 율법의 형벌을 받지 않는다는 의미이다. 율법의 교훈 아래 있지 않다는 말이 아니다. 또, 십계명이 폐지되었다는 의미도 아니다. 그저 이제는 계명을 지키는 것으로 구원을 얻거나 잃지 않는다는 뜻이다. 우리를 구원하신 분은 그리스도이시며, 우리는 잃어버린 자가 되지 않는다. 이제 우리가 계명을 지키는 것은 새로운 본성을 따라 감사함과 거룩함으로 인한 것이다. (조지 비숍)

〈사랑으로 서로 섬겨라〉(갈 5:13)는 말처럼 율법은 섬김을 위한 것이다. 예수님은 〈내가 너희 중에 섬기는 자로 있다. 너희가 나를 사랑하면 내 계명을 지키라〉라고 말씀하셨다. 신약은 십계명을 반복해서 강조한다. 십계명은 지키라고 주어진 것이며, 앞으로도 계속 지켜질 것이다. 〈이는 모든 율법이 「네 이웃을 너 자신처럼 사랑하라」라는 한 마디로 성취되기 때문이다〉(갈 5:14)에서 〈율법이 성취되다〉라는 표현은 우리가 육신을 따라 살지 않고 성령을 따라 살 때 율법이 우리 안에서 성취된다는 의미이다. 여기서 두 가지 오류를 조심해야 한다. 만일 우리가 오직 믿음으로 얻는 구원을 전하지 않는다면, 구원받을 자가 아무도 없을 것이다. 그런데 우리가 믿음만 전하고 순종하는 것을 전하지 않는다면, 그것은 우리를 구원한 믿음의 효력을 부인하는 것이나 마찬가지이다. (조지 비숍)

갈라디아인은 율법에 굴복하면서 성령님의 다스림을 받는 자유를 무시했다. 성령님의 인도를 받는 것은 율법 아래 있는 것과 함께할 수 없다. 〈율법 아래 있다〉는 것은 영생을 얻기 위해 율법을 지키는 것을 의미한다. (존 이디)

성령님은 오직 그리스도를 믿음으로 구원받은 죄인만 인도하시기 때문에, 성령님의 인도하심과 율법 아래 있는 것은 결코 함께할 수 없습니다.

8. 골로새서 2장 14절

> 우리에게 불리한 조항이 담긴 빚 문서를 지우시고, 그것을 십자가에 못 박아 없애셨다. (골 2:14)

여기서 율법 폐기론자들은 〈빚 문서〉를 십계명으로, 〈우리〉를 그리스도인으로 해석합니다. 하지만 이 구절을 자세히 살펴보면 이것이 잘못된 해석이란 것을 쉽게 알 수 있습니다. 우선, 바로 앞의 구절에서 바울은 〈또, 너희가 죄와 육체의 무할례로 죽었으나〉(골 2:13)라고 하며 이방인 신자들에 관해 언급했습니다. 그러므로 14절에서 〈우리〉는 그리스도인이 아니라 〈유대인 신자〉를 가리키는 말입니다. 그런데 바울은 13절에서 〈함께〉라는 단어를 통해 이방인 신자인 〈너희〉와 유대인 신자인 〈우리〉 사이의 영적인 연합을 강조하였습니다. (엡 2:5~6 참조) 믿음이 있는 유대인과 이방인은 〈함께 살아났습니다.〉 어떻게 그것이 가능했을까요? 그들이 〈그리스도와 함께 살려졌기〉 때문입니다. 그리스도는 그분의 백성 모두를 위한 대표이시며, 따라서 그리스도가 죽임당하셨을 때 그분의 백성도 모두 사법적으로 죽었습니다. 또한, 그리스도께서 다시 사셨을 때 그들도 함께 살려졌으며, 그리스도께서 부활하셨을 때 그들도 함께 일어났습니다. 그들 중 일부만 그런 것이 아니라 그리스도의 백성 모두가 함께 살아난 것입니다. 하지만 유대인과 이방인이 〈함께〉 교제를 나누기 위해서는 지금까지 그들을 구분하고 있던 것이 끝나야만 합니다. 바로 이것이 골로새서 2장 14절에 나오는 내용입니다. 〈빚 문서〉가 〈우리에게 불리하다〉라는 것은 곧 유대인에 대한 것입니다. 왜냐하면, 하나님께서 주신 율법이 이방인과 어떠한 종교적 교류도 금했기 때문입니다. 하지만 유대인에게 불리한 조항이 담긴 빚 문서는 하나님께서 십자가에 못 박아 없애셨습니다. 이것과 병행하는 구절을 살펴보면 이런 해석이 타당하다는 근거를 충분히 찾을 수 있습니다.

에베소서와 골로새서가 서로 보충하는 내용이 담겨 있다는 것은 말씀을 공부하는 사람들 사이에서 잘 알려진 사실입니다. 그래서 하나를 해석하기 위해서는 다른 하나를 이해할 필요가 있습니다. 한편, 에베소서 2장에는 지금 살펴보고 있는 골로새서 2장과 매우 흡사한 구문이 있습니다. 바울은 골로새서 2장 13절과 마찬가지로 에베소서 2장 11절에서도 이방인 성도인 무할례자에 관해 이야기합니다. 그 다음 12절에서는 그들이 회심하기 전에 〈이스라엘과 무관한 외인〉이었던 상태를 떠올리게 합니다. 그리고 13절에서는 그들이 그리스도의 피로 〈가까워졌다〉라고 합니다. 그 결과 14절에서는 〈그분은 우리 둘(유대인과 이방인 신자)을 하나로 만드신 우리의 화평이시다〉라고 합니다. 여기서 〈둘을 하나로 만든다〉란 표현이 골로새서 2장 13절의 〈함께 살려진다〉와 병행합니다. 바울은 이어서 이것이 가능하게 된 이유를 〈중간(유대인과 이방인 사이)을 가로막던 벽을 허무셨다〉라고 설명하며, 이것은 골로새서에서 〈십자가에 못 박아 없애셨다〉와 병행합니다. 마지막으로 〈원수, 곧 여러 규정이 담긴 계명의 율법을 자기 육신 안에서 폐하셨다〉라는 표현은 골로새서에서 〈빚 문서를 지우셨다〉와 병행합니다! 이처럼 하나님은 다른 어떠한 인간적인 해석에 의존할 필요 없이 에베소서 2장 11~15절을 통해 골로새서 2장 13~14절을 쉽게 이해할 수 있도록 하셨습니다. 성경을 성경으로 해석하는 법을 모르면 우리는 그만큼 많은 것을 잃게 됩니다.

9. 디모데전서 1장 9절

> 이것을 알아야 하니, 곧 율법은 의로운 자를 위해 만들어진 것이 아니라, 오직 법을 어기는 자, 불순종하는 자, 불경건한 자, 죄인을 위한 것이다. (딤전 1:9)

이 구절을 푸는 열쇠는 앞에 나오는 내용의 문맥을 통해 얻을 수 있습니다. 3~4절에서 바울은 디모데에게 〈어떤 이들이 다른 교훈을 가르치지 못하게 하고 신화와 끝없는 족보에 몰두하지 않게 하라〉라고 명령합니다. 바울은 유대주의자에게 영향을 받은 사람을 염두에 둔 것이 분명합니다. 5절에서 그는 디모데에게 〈계명의 목적〉이 무엇인지 말해줍니다. 여기서 계명은 뒤에 이어지는 내용으로 보아 도덕법을 가리킵니다. 〈거룩하고 의롭고 선한〉(롬 7:12) 이 계명의 목적은 하나님과 이웃을 더욱 사랑하게 하는 것이며, 이 사랑은 오직 〈깨끗한 마음과 선한 양심과 굳센 믿음〉에서 나오는 것입니다.

다음으로 6~7절에서 바울은 유대주의자와 그들에게 영향받은 자들을 가리켜 사랑과 믿음에서 벗어나 헛된 논쟁에 빠진 자이며, 스스로 율법의 교사가 되려고 하나 자신이 말하고 주장하는 것조차 제대로 이해하지 못하는 자라고 비난합니다.

그리고 8절에서는 7절에서 언급한 내용을 오해하지 않도록 〈그러나 율법은 옳게 사용하면 유익하다는 것을 우리가 안다〉라고 말하며 5절의 주장을 다시 한번 강조합니다. 바울은 혹시라도 자신이 유대주의자를 비판하기 때문에 율법 자체를 부정한다고 오해받지 않도록 8절에 안전장치를 덧붙인 것입니다. 율법을 〈옳게〉 사용한다는 것은 하나님께서 의도하신 대로 사용하는 것을 뜻합니다. 다시 말해, 율법을 구원의 수단으로 사용하는 것이 아니라 삶의 기준으로 삼으며, 칭의의 근거로 여기는 것이 아니라 하나님께 복종하기 위한 지침으로써 따르는 것입니다. 율법을 그리스도께 대항하려는 목적이 아니라 우리 삶의 규범으로 삼는 것은 잘못된 사용법이 아닙니다.

마지막으로, 9~10절에서 바울은 율법의 목적이 의로운 자를 위한 것이 아니라 무법자와 불순종하는 자를 위한 것이라고 합니다. 이 말은 율법이 의로운 자가 아니라 악한 자에게 두려움과 정죄함을 주기 위한 도구라는 뜻입니다.

> 의인은 더 이상 속박의 영과 형벌의 두려움에 이끌릴 필요가 없이 자발적으로 경건의 의무를 수행하기 때문에(롬 8:13, 시 110:3), 강제적이고 위협적인 율법은 〈의인을 위한 것〉(딤전 1:9)이 아니다. (튜레틴)

> 율법은 형벌과 두려움으로 반역하는 죄인을 억누르기 위한 것이다. 의인은 그의 마음에 은혜가 뿌리내려 하나님을 사랑하며 그분을 더욱 기쁘게 해드리려고 노력한다. 율법에는 그것을 어

겼을 때 받을 가혹한 형벌이 많이 포함되어 있다. 따라서 율법은 오직 두려움과 형벌로만 다스릴 수 있는 악한 자를 위한 것임이 분명하다. (매튜 풀)

10. 요약

이제 현대의 율법 폐기론자가 사용하는 신약의 중요한 구문은 대부분 살펴보았습니다. 그중 어떤 구절도 지금 세대의 믿는 자들이 율법을 도덕적인 삶의 지침으로 삼는 것에 대해 반대하지 않았습니다. 다음 장에서는 하나님의 자녀가 어째서 십계명에 순종해야 하고 그것을 구원의 조건이 아니라 하나님께 복종하는 지침으로 삼아야 하는지에 관해 살펴볼 예정입니다.

이 장은 평소에 글 쓰던 방식에서 벗어나 과거 주석가의 글로 많은 부분을 채웠습니다. 이것은 인간의 권위에 기대려는 목적이 아니라, 그리스도인의 행실에 관한 과거의 가르침을 되새기면서 오늘날 그리스도인의 삶이 얼마나 부끄러운지 깨닫게 하려는 것입니다. 또한, 율법과 성도의 관계에 대해 제가 개인적으로 연구한 내용도 이들의 생각과 거의 일치합니다.

율법과 성도

율법(십계명)은 그리스도인에게 어떤 의미가 있을까요? 앞 장에서 이 질문에 대한 세 가지 다른 답변에 대해 알아보았습니다. 첫째, 죄인이 율법을 지킴으로 성도가 된다는 것입니다. 이것은 말 그대로 율법주의이며, 아주 위험한 이단 교리입니다. 이런 교리를 구원의 근거로 믿고 행하는 사람은 결국 영원히 멸망할 것입니다. 둘째, 율법은 폐지되었기 때문에 그리스도인과 관련이 없다는 것입니다. 이것 역시 매우 심각한 오류입니다. 이런 주장은 서신서의 일부를 잘못 해석한 탓에 생긴 실수입니다. 이렇게 생각하는 자들은 결국 〈하나님의 은혜를 방탕함으로 바꾸는)(유 1:4) 율법 폐기론에 빠지게 됩니다. 셋째, 십계명은 하나님의 변하지 않는 뜻과 성품을 표현한 것이며, 그리스도인이 영원히 따라야 할 행동 기준이라는 것입니다.

앞 장에서는 율법과 성도의 관계에 대해 부정적인 견해를 다루었고, 이 장에서는 긍정적인 견해를 자세히 다룰 생각입니다. 앞에서 그리스도인이 십계명을 지킬 필요가 없다고 주장하는 자들이 자주 인용하는 신약의 구절의 진정한 의미를 살펴보았습니다. 이제는 그리스도인도 십계명을 지켜야 한다고 말하는 다양한 신약의 구절을 찾아보겠습니다. 여러분도 부지런히 성경을 찾으면서 이 책과 함께 읽어보기 바랍니다.

1. 마태복음 5장 17~19절

> 내가 율법이나 선지자를 폐하러 왔다고 생각하지 마라. 폐하러 온 것이 아니라 성취하려 함이다. 내가 진실로 너희에게 말하니, 하늘과 땅이 없어지기 전에 율법이 모두 성취되기까지 한 점 한 획도 결코 없어지지 않을 것이다. 그러므로 누구든지 가장 작은 계명 하나라도 어기고 사람들에게도 그렇게 가르치는 자는 하늘나라에서 가장 작다고 불릴 것이다. 하지만 누구든지 그것을 행하고 가르치는 자는 하늘나라에서 크다고 불릴 것이

다. (마 5:17~19)

제자들은 그리스도께서 모세와 선지자의 가르침을 버리고 전혀 새로운 기준과 교훈을 제시하리라고 생각했을 것입니다. 물론 그리스도께서 구원을 받기 위해 율법에 의존하는 오류를 지적하신 것은 사실이지만(이것은 그리스도 이전에 모세와 선지자들도 지적한 것입니다), 율법 자체를 폐기할 계획은 전혀 없었습니다. 주님은 유대인 사이에 있었던 여러 잘못된 점을 고치려 하셨습니다. 그래서 그들이 주님의 계획을 오해하지 않도록 신중하게 말문을 여셨습니다. 주님은 모세의 가르침을 전혀 배제하지 않고 오히려 다음과 같은 내용을 단호하게 말씀하셨습니다.

1) 주님은 율법을 폐하러 오신 것이 아니다.
2) 주님은 율법을 〈성취하러〉 오셨다.
3) 율법은 계속해서 지켜야 할 의무이다.
4) 율법의 가장 작은 계명이라도 어기면서 다른 사람에게도 그렇게 가르치는 자는 벌을 받을 것이다.
5) 율법을 지키고 다른 사람에게도 그것에 순종하도록 가르치는 자는 상을 받을 것이다.

선지자들이 한 일은 그저 율법을 자세히 설명하고 이스라엘 백성이 그것을 지키지 않는 것을 책망하며 그들이 불순종한 결과를 미리 경고한 것이었습니다. 주님은 〈내가 율법을 폐하러 온 것이 아니다〉라고 하셨습니다. 이보다 더욱 분명한 말씀은 없습니다. 〈폐하다〉라는 말은 〈공식적으로 끝내거나 뒤집어엎다〉라는 뜻입니다. 그러므로 그리스도께서 이 말씀을 하신 것은 주님이 이 땅에 오신 목적이 십계명을 폐지하거나 무효로 하려는 것이 아니란 사실을 알려주시기 위한 것입니다. 주님은 십계명의 의무에서 벗어난 자들을 위해 오신 것이 아닙니다. 그리고 주님이 하지 않으셨다면, 아무도 율법을 폐지한 적이 없습니다. 아무도 폐지한 적이 없다면, 율법은 모든 신적 권위를 여전히 유지하고 있다는 것입니다. 이처럼 율법이 여전히 변함없는 하나님의 뜻과 성품을 표현한 것으로 남아있다면, 모든 인간은 계속해서 그것에 복종할 의무가 있으며, 모든 인간이라 한다면 당연히 그리스도인도 포함됩니다!

또, 주님은 계속해서 〈내가 그것을 폐하러 온 것이 아니라 성취하러 왔다〉라고 말씀하셨습니다. 〈성취하다〉란 말은 〈채워서 완성하다〉라는 뜻입니다. 그리스도께서는 세 가지 방식으로 율법을 성취하셨습니다. 첫째, 율법의 가르침에 복종하는 모습을 직접 보여주셨습니다. 주님은 마음과 생각과 말과 행실 속에 하나님의 율법을 간직했으며(시 40:8), 율법의 요구를 완벽히 충족하셨습니다. 그렇게 함으로써 주님은 율법을 영화롭게 하셨습니다. (사 42:21) 둘째, 율법을 어긴 자기 백성의 죗값을 대신하여 십자가에서 고난을 받으셨습니다. 셋째, 율법의 영성과 충만함을 가르치셨으며, 그것의 내용을 더욱 확장하셨습니다. 이처럼 그리스도는 우리에게 모범을 보이심으로 〈율법을 성취하셨습니다.〉

그리스도께서는 율법을 폐지하기는커녕 오히려 〈하늘과 땅이 없어지기 전에 율법이 모두 성취되기까지 한 점 한 획도 결코 없어지지 않을 것이다〉라고 말씀하셨습니다. 이것은 율법의 영속성을 선포하신 것입니다. 하늘과 땅이 지속하는 한 율법은 존재할 것이며, 따라서 모든 인간은 계속해서 율법을 지켜야 합니다. 그런데 이것이 전부가 아닙니다. 주님은 현대에 벌어지는 율법에 대한 항의를 미리 내다보시고 다음과 같이 엄숙하게 경고하셨습니다.

> 그러므로 누구든지 가장 작은 계명 하나라도 어기고 사람들에게도 그렇게 가르치는 자는 하늘나라에서 가장 작다고 불릴 것이다. 하지만 누구든지 그것을 행하고 가르치는 자는 하늘나라에서 크다고 불릴 것이다.

2. 로마서 3장 31절

> 그러면 우리가 믿음으로 율법을 무효로 하느냐? 그것은 하나님께서 금하시며, 우리는 율법을 굳게 세운다. (롬 3:31)

로마서 3장의 전반부에서 바울은 〈의인은 없나니, 하나도 없다〉(10절)라고 하며, 다음으로 〈율법의 행위로는 의롭게 될 육체가 없다〉(20절)라고 합니다. 그리고 21~26절에서 〈믿음을 통해 그리스도의 피로〉 구원받는 하나님의 방법을 설명합니다. 28절에서는 〈인간은 율법의 행위와 상관없이 믿음으로 의롭게 된다〉라며 자신의 주장을 요약합니다. 29~30절에서는 이것이 유대인뿐 아니라 이방인에게도 적용된다는 사실을 지적합니다. 그런 다음, 31절에서 바울은 〈의롭게 되는 것이 율법의 행위와 관련 없다〉는 주장에 대한 반대 의견이 있을 것을 예상합니다.

> 정말로 율법이 죄인의 구원에 아무 영향도 주지 않는다면, 그것은 이제 필요 없는 것인가요? 〈믿음으로〉 구원받는다면, 율법은 쓸모없는 것인가요? 바울 당신은 율법이 폐기되었다는 뜻입니까?

결코 그렇지 않으며, 바울은 〈우리는 율법을 굳게 세운다〉라고 대답합니다. 바울은 어떤 의미에서 〈우리는 율법을 굳게 세운다〉라고 했을까요? 이것은 우리가 구원받은 그리스도인으로서 새롭게 되었으며 하나님을 섬기려는 동기도 커졌기 때문에 더욱 율법을 지켜야만 한다는 뜻입니다. 믿는 자에게 주입된 의는 그의 마음속에 다른 어떤 방법으로도 얻을 수 없는 복종심을 불러일으킵니다. 그래서 그는 율법의 권위를 무시하지 않고 오히려 더욱 확고히 지키려 합니다. 또, 하나님과 이웃에 대해 도덕적인 의무를 게을리하지 않고 더욱 열심히 하려고 노력합니다.

> 믿음의 교리는 구약의 의미를 퇴색시키며 율법을 무효화시키는가? 그것은 방탕한 삶의 문을 활짝 여는가? 바울은 이것에 대해 전혀 사실이 아니며, 오히려 복음은 율법을 계시된 하나님의 뜻으로 보고 적절한 토대 위에 굳게 세운다고 대답한다.
>
> (그리피스 토마스)

> 그렇다면 우리는 믿음으로 율법을 폐하는가? 도덕적 방종의 문을 활짝 여는가? 행위가 아니라 믿음을 요구하는 것이 규범과 교훈을 폐지하는 것인가? 그렇지 않으며, 우리는 율법을 굳게 세운다. 우리가 하는 일은 율법의 모든 계명을 다시금 신성하게 하며 그것을 수행할 수 있는 새로운 능력에 대해 널리 알리는 것이다. (핸들리 모울)

질문) 인간이 행위와 관계없이 믿음으로 의롭게 된다면, 율법은 완전히 폐지되는 것이 아닌가? 그렇다면 그것은 불법을 조장하는 가르침이지 않나? 답변) 그렇지 않다. 그것은 오히려 율법을 굳게 세운다. 은혜로 구원을 받는다고 해서 불법을 사랑하는 자가 되는 것은 아니다. 그의 안에는 율법을 파괴하지 않고 오히려 더욱 굳건히 하는 능력이 있으며, 따라서 그는 두려움 때문이 아니라 하나님을 사랑하는 마음에서 율법을 지키게 된다. (밀러)

3. 로마서 7장 22~25절

내가 속사람을 따라서 하나님의 법을 기뻐한다. 나 자신이 마음으로는 하나님의 법을 섬긴다. (롬 7:22~25)

로마서 7장에서 바울은 두 가지를 이야기합니다. 첫째, 믿는 자와 율법의 관계가 무엇이 옳고 무엇이 잘못된 것인지 밝힙니다. 믿는 자는 사법적으로 율법의 저주와 형벌에서 해방되었습니다. (롬 7:1~6) 그러나 도덕적으로는 여전히 율법에 복종해야 합니다. (롬 7:22, 25) 둘째, 6장의 가르침에서 잘못된 추론을 이끌어내는 것을 경계합니다. 바울은 로마서 6장 1~11절에서 믿는 자가 그리스도와 함께 〈죄에 대해 죽었다〉라고 가르쳤습니다.

(롬 6:2, 7) 그리고 11절부터 이 사실이 믿는 자의 행실에 어떤 영향을 미치는지 설명합니다.

7장에서도 비슷한 순서로 이야기를 풀어나갑니다. 7장 1~6절에서 바울은 믿는 자가 그리스도와 함께 〈율법에 대해 죽었다〉라고 가르칩니다. 그리고 7절부터 그리스도인이 어떠한 일을 겪는지 묘사합니다. 이렇듯 로마서 6장과 7장의 전반부는 믿는 자의 〈지위〉에 대한 내용이며, 반면에 후반부는 믿는 자의 〈상태〉에 대해 다룹니다. 차이점이 있다면, 6장 후반부에서는 믿는 자의 상태가 어떠해야 하는지에 관해 이야기했으며, 7장 후반부(13~25절)에서는 믿는 자의 실제 상태가 어떠한지를 말하고 있습니다. (중간의 8~12절은 삽입 어구의 성격을 띱니다.)

로마서 7장에서 주로 논란이 되는 것은 웨슬리와 그의 추종자들이 주장하는 완전주의Perfectionism에 관한 것입니다. 이 형제들은(비록 존경할만한 인물이지만) 이 오류를 약간 변형해서 받아들였으며, 결과적으로 오늘날 라오디게아주의(계 3:17, 영적인 자아도취에 빠지는 것_옮긴이)가 널리 퍼지는 원인을 제공했습니다. 로마서 7장을 제쳐 두고 8장을 논하는 것은 매우 어리석은 일입니다. 오늘날 모든 믿는 자에게 로마서 7장과 8장은 모두 굉장히 중요합니다. 로마서 7장 후반부는 하나님의 자녀 안에 있는 두 가지 본성의 갈등을 묘사하고 있습니다. 이것은 갈라디아서 5장 17절의 내용을 자세하게 풀어서 설명한 것입니다. 로마서 7장 14, 15, 18, 19, 21절은 지금도 모든 성도에게 적용되는 말씀입니다. 모든 그리스도인은 하나님의 기준(소위 승리한 삶을 산다고 자랑하는 부류의 기준이 아니라)에 한참 뒤떨어져 있습니다. 로마서 7장 19절 말씀처럼 살려고 노력하지 않는 그리스도인은 안타깝게도 미혹에 넘어간 것입니다. 물론 모든 그리스도인이 인간의 법을 어긴 범죄자이거나 하나님의 율법을 노골적으로 어기는 자인 것은 아닙니다. 하지만 대부분이 주님께서 이 땅에 사실 때와 비교해서 매우 낮은 수준의 삶을 살고 있습니다. 아직도 대부분 그리스도인의 삶에서 육적인 모습이 보이며, 심지어 뛰어난 영성을 뽐내는 자들도 예외가 아닙니다. 우리는 모두 걸려 넘어질 것이 많기 때문에(약 3:2), 날마다 지은 죄를 고백하며 회개해야 합니다. (눅 11:4)

로마서 7장 후반부는 그리스도인의 상태, 즉 우리 안에 존재하는 두 가지 본성의 갈등에 관해 설명하고 있습니다. 바울은 14절에서 〈우리는 율법이 영적인 것을 안다〉라고 말합니다. 이것은 오늘날 하나님의 율법을 무시하는 태도와 비교하면 전혀 다릅니다! 또, 22절에서는 〈내가 속사람을 따라서 하나님의 법을 기뻐한다〉라고 합니다. 바울의 말대로라면 오늘날 율법이 폐지되어 그리스도인은 더 이상 지킬 필요가 없다고 하는 것은 매우 큰 착각입니다. 바울 사도는 율법을 무시하지도 않았고 그것을 적으로 생각하지도 않았습니다. 시편 기자가 그랬던 것처럼(시 119:72, 97, 140), 바울의 안에 있는 새로운 본성은 그것을 기뻐했습니다. 하지만 아직도 그의 안에는 옛 본성이 남아 있어서 새로운 본성과 전쟁을 일으키며 그를 죄의 법에 사로잡히게 하려고 합니다. 그래서 바울은 〈아, 난 얼마나 비참한 자인가! 누가 나를 이 사망의 몸에서 건져줄 것인가?〉(24절)라고 탄식했습니다. 오히려 그리스도인이라고 하면서 이런 탄식이 없다면 그것이 더욱 이상한 일입니다. 그 다음 절에서 바울은 〈우리 주 예수 그리스도로 말미암아〉(성령님의 권능에 의한 것이 아니라) 이런 탄식에서 벗어날 것을 생각하며 하나님께 감사를 드립니다. (25절) 이 탄식에서 벗어나는 것은 장래에 그리스도께서 다시 오실 때 있을 것입니다. (빌 3:20) 마지막으로, 바울은 약속된 〈구원〉에 대해 말하고 난 다음에 이런 탄식을 하였으며, 자기 마음속에서 벌어지는 갈등을 〈내가 마음으로는 하나님의 법을 섬기나, 육신으로는 죄의 법을 섬긴다〉라는 말로 정리했습니다. 이보다 더 의미가 분명할 수 있겠습니까? 바울은 이제 그리스도인이 된 자신에게 율법이 더 이상 아무런 관련이 없다고 하지 않았으며, 오히려 자기는 〈하나님의 율법〉을 섬긴다고 선포했습니다. 이 정도면 율법을 지켜야 할 이유로써 충분합니다. 이런데도 하나님의 율법을 지키려고 하지 않는 자는 결국 후회하게 될 것입니다.

4. 로마서 8장 3~4절

> 율법이 육신을 통해서는 연약해서 할 수 없었던 것을 하나님은 하셨으니, 곧 자기 아들을 죄악된 육신의 모양으로 보내어 죄를 없애기 위해 그 육신을 정죄하신 것이다. 이는 육신을 따라 행하지 않고 성령을 따르는 우리 안에서 율법의 의가 성취되게 하려는 것이다. (롬 8:3~4)

이 구절은 〈율법을 굳게 세운다〉(롬 3:31)라는 말씀이 어떻게 성취되는지 부분적으로 보여줍니다. 여기서 말하고 있는 것은 우리가 받는 〈새로운 본성〉입니다. 믿는 자는 이제 하나님을 사랑하는 마음을 지녔으며, 그래서 〈하나님의 율법을 기뻐하게〉되었습니다. 그리고 하나님은 물론 우리의 행실도 지켜보시기는 하지만 다른 무엇보다도 우리의 마음을 눈여겨보십니다. 믿는 자는 마음 깊은 곳에서 하나님을 섬기고 기쁘시게 하고 영화롭게 하려는 욕망이 솟아 나와 하나님의 율법이 요구하는 거룩함을 〈성취〉하게 됩니다. 우리는 이제 〈마음으로부터 순종하기〉(롬 6:17) 때문에 율법이 요구하는 의가 우리 안에서 성취되었습니다.

5. 로마서 13장 8~10절

> 다른 사람을 사랑하는 자는 율법을 성취하였다. 이는 〈간음하지 마라〉, 〈살인하지 마라〉, 〈도적질하지 마라〉, 〈거짓 증언하지 마라〉, 〈탐내지 마라〉, 그리고 혹시 다른 계명이 있을지라도 〈네 이웃을 너 자신처럼 사랑하라〉라는 말씀에 모두 포함되기 때문이다. 사랑은 이웃에게 악을 행하지 않으며, 따라서 사랑은 율법의 성취이다. (롬 13:8~10)

여기서도 바울은 십계명이 그리스도인에게 필요 없다는 이상한 착각에 빠진 자들에게 조금도 힘을 실어주지 않고, 오히려 십계명 중 다섯 가지를 인용한 다음 〈사랑은 율법의 성취이다〉라고 결론을 내립니다. 사랑은 율법에 순종하는 것을 대체하지는 않지만, 믿는 자로 하여금 율법에 기꺼이 순종하도록 유도하는 역할을 합니다. 바울은 〈사랑은 율법의 폐지이다〉라고 하지 않고 〈사랑은 율법의 성취이다〉라고 했습니다.

> 율법 전체는 하나님을 사랑하는 것과 이웃을 사랑하는 것을 바탕으로 한다. 이것은 율법을 파기하지 않는다. 사랑은 우리를 하나님의 모든 계명에 복종하도록 이끌 것이다. (홀데인)

율법이 궁극적으로 요구하는 것이 바로 사랑이기 때문에, 사랑은 율법의 성취인 것입니다. 율법이 금지하는 항목은 그리스도인의 자유를 불합리하게 제한하려는 것이 아니라 사랑을 이루기 위해 필요한 정당하고 지혜로운 요구입니다. 이 구절 역시 〈율법을 굳게 세운다〉(롬 3:31)라는 말씀을 뒷받침하는 내용입니다. 이것은 복음이 하나님의 뜻을 담고 있는 율법을 어떤 방식으로 굳게 세우는지 보여줍니다. 다시 말해, 복음은 율법을 성취할 수 있는 유일한 방법인 사랑을 통해 그것을 굳게 세웁니다.

6. 고린도전서 9장 19~22절

> 내가 모든 사람에서 자유로우면서도 스스로 모두의 종이 된 것은 더 많은 자를 얻으려는 것이다. 또, 유대인에게 유대인처럼 된 것은 더 많은 유대인을 얻으려는 것이다. 율법 아래 있는 자에게 내가 율법 아래 있는 자처럼 된 것은 율법 아래 있는 자

를 얻으려는 것이며, 율법 없는 자에게 내가 율법 없는 자처럼 된 것은 율법 없는 자를 얻으려는 것이다. (고전 9:19~22)

이 구절은 바울이 복음을 위해 그리스도인으로서 자유를 어떻게 스스로 포기하는지 보여줍니다. 바울은 모든 사람에게서 〈자유〉롭지만, 그럼에도 스스로 모두의 〈종〉이 되었습니다. 회심하지 않은 유대인에게는 〈유대인처럼〉 되었습니다. (행 16:3) 아직도 의식법 아래 있다고 여기는 자에게는 그렇게 행동했습니다. (행 21:26) 율법 없는 자, 곧 의식법이 없는 이방인에게는 그들처럼 어떠한 의식도 수행하지 않았습니다. (갈 2:3) 하지만 그는 〈하나님의 율법이 없는 자〉처럼 행한 것이 아니라, 〈그리스도의 율법 아래 있는 자〉처럼 행했습니다. 다시 말해, 그는 여전히 하나님의 도덕법 아래 있었습니다. 바울은 결코 자신을 도덕법에서 자유로운 자로 여기거나 그것에 반하는 행동을 한 적이 없습니다. 〈하나님의 율법〉 아래 있다는 말은 당연히 하나님께서 주신 십계명 아래 있다는 뜻입니다. 또, 그리스도께서도 십계명을 폐지한 것이 아니라 오히려 더욱 강화하셨으므로, 그리스도의 율법 아래 있는 것도 하나님께서 주신 십계명 아래 있다는 뜻입니다. 그러므로 이 말씀은 구원받고 그리스도께 속한 믿는 자가 어떻게 하나님의 율법 아래 있는지, 다시 말해 어떻게

〈그리스도의 율법 아래〉 있는지 분명하게 보여줍니다.

7. 갈라디아서 5장 13~14절

> 형제들아, 너희는 자유롭게 되려고 부름 받았으나, 그 자유를 육신을 위한 기회로 사용하지 말고 오직 사랑으로 서로를 섬겨라. 이는 모든 율법이 〈네 이웃을 너 자신처럼 사랑하라〉라는 말씀 하나로 성취되기 때문이다. (갈 5:13~14)

첫째, 바울은 여기서 갈라디아 성도에게(또한 우리에게) 도덕법의 저주(갈 3:13)에서 벗어나 자유롭게 되기 위해 부름 받았다는 사실을 상기시킵니다. 둘째, 바울은 이런 자유의 한계선을 명확히 긋습니다. 그리스도인의 자유는 육신의 방탕함을 위해 악용하면 안 되며, 하나님의 변함없는 도덕법에 의해 통제되어야 하고, 우리의 이웃을 우리 자신처럼 사랑하라는 요구에 맞게 사용되어야 합니다. 셋째, 여기서도 〈사랑은 율법의 성취이다〉(롬 13:8~10)라는 메시지를 반복해서 전합니다. 형제를 사랑하라는 새 계명은 이웃을 사랑하라는 옛 계명에 포함되어 있습니다. 따라서 우리가 이웃을 자신처럼 사랑하면 자연스레 형제를 사랑하라는 계명도 지키게 됩니다.

형제들아, 너희는 자유롭게 되려고 부름 받았으나, 그 자유를 육신을 위한 기회로 사용하지 말고 오직 사랑으로 서로를 섬겨라. (갈 5:13)

조지 비숍은 이 구절에 관해 이렇게 언급했습니다.

> 바울은 여기서 위험성을 강조하고 있다. 그리스도인은 믿음을 가지기 전에 자신의 행위로 구원받을 것을 기대하였다. 그런데 믿음을 가진 이후에는 자신의 행위로 구원받을 길이 전혀 없다는 사실을 깨닫고 오히려 선행을 멸시하고 깎아내리는 잘못을 범한다. 이전에는 율법을 따라 사는 알미니우스 신자였다면, 이제는 율법 폐기론자가 되어 율법을 통째로 내던지려는 위험에 처한 것이다. 그러나 율법은 거룩한 것이며 계명은 거룩하고 의롭고 선하다. 그것은 하나님께서 세우신 기준이며 영원한 도덕적 표준이다. 그리스도께서 우리를 위해 율법을 성취하셨지만, 그것은 여전히 무오한 의의 규범으로써 변함없이 남아있다. 구원받기 위해서는 율법이 필요 없지만, 하나님께 복종하기 위해서는 율법이 반드시 있어야 한다. 천사들도 율법 아래 있으며 〈하나님의 계명을 행하고 그분의 말씀을 듣는다.〉(시 103:20) 율법은 불변하며 어떠한 예외도 두지 않는다. 율법은 하

나님의 완전하심, 영원한 정의의 기준, 모든 거룩한 자들의 기쁨을 기록한 것이다! 비록 우리는 율법과 상관없이 구원을 받았지만, 이제는 율법 아래 있으며, 거룩함의 원리로써 율법은 우리 안에 우리는 율법 안에 거한다. (조지 비숍)

8. 에베소서 6장 1~3절

자녀들아, 주님 안에서 부모에게 순종하라. 이것이 옳으니라. 네 아버지와 어머니를 공경하라. 이것이 약속 있는 첫 계명이니, 네가 이 땅에서 잘 되고 장수할 것이다. (엡 6:1~3)

여기서도 그리스도인의 양심을 규제하는 것으로써 십계명의 일부가 인용되었습니다. 첫째, 바울은 자녀들에게 주님 안에서 부모에게 순종하라고 명령합니다. 둘째, 그는 이것을 십계명의 다섯 번째 계명을 인용함으로써 더욱 강조합니다. 바울이 쓴 편지는 그리스도인을 대상으로 한 것이므로 이것이야말로 그리스도인이 〈그리스도의 율법〉 아래 있다는 증거입니다. 셋째, 바울은 다섯 번째 계명을 인용하는 데 그치지 않고 그것에 담긴 약속, 곧 이 땅에서 수명이 길어질 것이라는 약속도 상기시켰습니다. 이것은 우리가 받는 축복이 〈하늘에 속한 영적인 축복〉(엡 1:3)에 국한된다고 주장하는 자들에게 반박하는 것입니다. 성도들에게 이 땅에서의 행실에 대해 권면하는 사람을 끊임없이 비판하며 그것을 마치 〈우리 지위를 천상에서 끌어내리는 것〉처럼 취급하는 자들은 에베소서 6장 2~3절, 디모데전서 4장 8절, 베드로전서 3장 10절 등을 주의 깊게 묵상할 필요가 있습니다.

> 육체의 훈련은 약간의 유익만 있을 뿐이지만, 경건은 모든 일에 유익하니, 〈현재의 삶〉과 다가올 삶에 대한 약속이 있다. (딤전 4:8)

하나님은 결코 변하지 하는 원칙에 따라 세상을 통치하십니다.

9. 디모데전서 1장 8절

> 그러나 율법은 올바르게 사용하면 좋은 것임을 우리가 안다. (딤전 1:8)

율법은 때로 잘못된 방식으로 사용되곤 합니다. 우선, 죄인이 어설프게 율법을 따르면서 그것을 하나님께 용납될만한 근거로 삼는 것입니다. 또, 믿는 자가 비굴한 태도로 어쩔 수 없이 율법에 따르는 것도 잘못된 사용법입니다. 하지만 율법은 올바르게 사용하면 좋은 것입니다. 율법이 피해야 할 적이었다면 바울은 이런 식으로 말하지 못했을 것입니다. 또, 율법이 이제는 그리스도인과 상관없는 것이었어도 이렇게 말하지 못했을 것입니다. 그럴 경우, 바울은 아마도 〈율법은 더 이상 우리를 얽매지 않는다〉라는 식으로 말했을 것입니다. 하지만 그렇게 말하지 않았습니다. 오히려 〈율법은 좋은 것이다〉라고 했습니다. 그뿐 아니라 율법이 좋은 것임을 〈우리가 안다〉라고 단언하기까지 했습니다. 이것은 결코 논쟁거리가 아니며 오히려 마음에 새겨야 할 신성한 것입니다. 그러나 율법은 오직 올바르게 사용했을 때 〈좋은 것〉입니다. 율법을 올바르게 사용하는 것은 그것을 변하지 않는 하나님의 뜻을 담고 있는 것으로 여기며 〈기뻐하는 것〉입니다. 또, 우리 행실을 바로잡는 도구로 받아들이는 것입니다. 그리고 그것을 사랑으로 〈성취하는 것〉입니다.

10. 히브리서 8장 8~10절

여호와의 말씀이다. 보라, 내가 이스라엘의 집과 유다의 집에게 새 언약을 맺을 때가 이를 것이다. 이것이 내가 그날 이후에 이스라엘의 집과 맺을 언약이다. 내가 나의 법을 그들의 생각 속에 넣고 마음에 새길 것이며, 나는 그들에게 하나님이 될 것이다. (히 8:8,10)

이 구절을 통해 두 가지 사실을 확실히 알 수 있습니다. 첫째, 율법이 〈폐지되지〉 않았다는 사실입니다. 둘째, 율법은 구원받은 자들에게도 유용하고 가치가 있다는 것입니다. 여기서 언급된 이스라엘은 구원받은 이스라엘 백성이기 때문입니다! 물론, 이 구절이 현재의 이방 그리스도인에게도 적용된다는 사실은 의심의 여지가 없습니다. 이 구절은 〈새 언약〉에 관한 것입니다. 새 언약이 이스라엘 백성에게만 국한된 것일까요? 당연히 그렇지 않습니다. 주님께서 성만찬 때 〈이것은 새 언약을 위한 나의 피, 곧 많은 사람이 죄를 용서받도록 흘리는 피이다〉(마 26:28)라고 말씀하시지 않았습니까? 그리스도께서 흘리신 새 언약의 피는 이스라엘 백성에게만 한정된 것입니까? 결코 아닙니다. 주님의 이 말씀을 바울이 고린도 교인들에게 쓰는 편지에서 어떻게 인용했는지 보십시오. (고전 11:25) 또, 바울은 하나님께서 자신을 〈새 언약의 일꾼〉으로 세우셨다(세울 것이다가 아니라)고 선언하기도 했습니다. (고후 3:6) 이것은 그리스도인이 새 언약 아래 있다는 확실한 증거입니다. 새 언약은 그리스도께서 대신 죽으신 모든 자를 위한 것입니다. 그러므로 히브리서 8장 8~10절을 통해 우리는 하나님께서 구속하신 모든 자의 생각과 마음에 그분의 율법을 새겨주실 것이라고 확신할 수 있습니다.

그런데 믿는 자는 더 이상 율법과 상관없다고 주장하는 자들은 이 구절조차 자기에게 유리하도록 해석하곤 합니다. 그들은 이제 하나님께서 거듭남을 통해 믿는 자의 마음에 율법을 새기셨기 때문에 더 이상 외부의 계명을 따를 필요가 없다고 주장합니다. 이제는 우리 속에 있는 원리가 우리를 자발적으로 행동하게 하므로 외부의 율법은 전혀 필요 없다는 것입니다. 이 오류에 관해서는 50년 전에 마틴 박사가 다음과 같이 훌륭하게 논박하였습니다.

> 만일 우리에게 단정적이고 명령적인 외부의 율법이 필요 없게 되었다면, 그것은 타락하기 전의 아담도 마찬가지였을 것이다. 그의 본성은 오직 하나님께 향해 있었고 그분의 율법에 반하는 것은 조금도 없었다. 하나님 자체가 그에게 율법이었다. 하나님은 아담에게 도덕법이셨고, 그는 전심으로 하나님을 사랑하며 이웃을 자신처럼 사랑하고 모든 것에 만족하며 어떤 것도 탐하지 않았다. 그런 그에게 명령적이고 권위적이며 주권적인 계명이 전혀 필요 없었나? 하나님께서 그에게 〈너는 ~하라〉, 〈너는 ~하지 마라〉라는 명령을 하실 필요가 전혀 없었나? 하나님의 무한한 지혜에 따르면 아담에게는 그것이 필요했다. 그래서 하나님은 그에게 〈너는 선악과를 먹지 마라〉라는 계명을 주

신 것이다.

마지막 아담이신 주님은 어떠했나? 하나님의 모든 율법은 그분의 마음에 충만하였다. (시 40:8) 주님께는 확실히 어떠한 명령적이고 권위적인 율법이나 계명이 필요 없었을지도 모른다. 그렇다고 주님께서 복종해야 할 계명이 전혀 없었을까? 주님이 그런 계명을 불만스럽게 여겼을까? 아니다. 오히려 주님은 그것을 기뻐하셨다. 주님의 모든 말과 행동은 계명에 따른 것이었다. (요 12:49)

이처럼 하나님의 독생자도 예외가 아니었는데, 하물며 그분의 지체인 우리가 아무리 성령님께서 우리 안에 내주하신다고 해서 예외가 될 수 있겠는가? 성령님께서 그들의 마음에 율법을 두셨다고 해서, 그들이 어떠한 외부의 법규에 의해서도 통제되지 않고 마음대로 행할 권리를 주장할 수 있겠는가? 바울은 〈율법도 거룩하며, 계명도 거룩하고 의롭고 선하다〉(롬 7:12)라고 하며, 마음속의 율법이 아니라 하나님께서 주신 외적인 명령에 따르는 것을 중요하게 여겼다. 또, 이스라엘의 시인은 〈주께서 우리에게 주님의 교훈을 열심히 지키도록 명령하셨습니다〉(시 119 :4)라고 고백하며 하나님께서 주신 외부의 율법 아래 있는 것을 기뻐하였다.

11. 야고보서 2장 8절

> 너희가 성경대로 〈네 이웃을 너 자신처럼 사랑하라〉라는 고귀한 율법을 성취하면, 잘하는 것이다. (약 2:8)

야고보 사도의 목적은 형제들이 저지르던 (모든 시대에 공통으로 행해지는) 악을 바로잡는 것이었습니다. 그들은 모임에서 가난한 자보다 부자들을 높이고 존중했습니다. 그들은 사실상 〈가난한 자를 멸시했습니다.〉(6절) 그것은 그리스도의 귀한 이름을 〈모독〉하는 결과를 초래했습니다. (7절) 그러면 야고보가 이런 악행을 바로잡기 위해 사용한 방법과 근거가 무엇이었는지 유심히 살펴보겠습니다.

첫째, 야고보는 〈너희가 성경대로 「네 이웃을 너 자신처럼 사랑하라」라는 고귀한 율법을 성취하면, 잘하는 것이다. 하지만 사람을 편파적으로 대하면, 너희는 죄를 짓는 것이며 율법에 의해 위법자로 정죄 된다〉(8~9절)라고 했습니다. 즉, 가난한 자를 멸시하는 것은 〈네 이웃을 너 자신처럼 사랑하라〉라는 율법을 어기는 일이라는 의미입니다. 이것은 야고보의 편지를 받는 자들이 율법을 지켜야 할 의무를 지니고 있다는 증거입니다. 율법을 더 이상 지킬 필요가 없는 자는 〈율법에 의해 위법자〉

가 될 수 없기 때문입니다. 여기서 어떤 이들은 야고보서가 유대인을 위한 것이라고 항의하기도 합니다. 물론 야고보서는 흩어진 열두 지파에게 보내는 서신이 맞습니다. 하지만 야고보가 편지를 쓴 대상은 유대인 중에서도 믿는 자들이었으며(1:3), 거듭난 자들이었고(1:18), 그리스도의 귀한 이름으로 부름받은(2:7) 그리스도인이었습니다. 그런 그들에게 야고보는 율법에 대해 말하고 있습니다! 이것은 율법이 〈폐지되지〉 않았다는 또 다른 결정적인 증거입니다.

야고보는 율법을 〈고귀한 율법〉이라고 불렀습니다. 이것은 율법의 권위를 강조하며 거듭난 형제들에게 그것을 조금이라도 어기는 일은 반역죄에 해당한다고 말하는 것입니다. 또한, 〈고귀한 율법〉은 그것을 주신 분의 높은 존엄성을 생각하게 합니다. 야고보는 이 고귀한 율법이 〈성경에〉 기록된 것이라고 합니다. (물론 여기서 가리키는 성경은 구약을 의미합니다)

둘째, 야고보는 〈이는 누구든지 모든 율법을 지키다가 하나라도 어기면 전체를 범한 것이 되기 때문이다.「간음하지 마라」라고 하신 분께서 또한「살인하지 마라」라고 말씀하셨다. 네가 간음하지 않아도 살인을 저지른다면, 너는 율법을 어긴 자가 된다〉(10~11절)라고 했습니다. 야고보가 이 구절을 통해 말하려는 의미는 명확합니다. 이웃을 사랑하지 않는 자는 간음이나 살인을 저지른 자와 마찬가지로 〈율법〉을 어긴 자라는 뜻입니다. 왜냐면, 그는 율법 전체를 주신 절대자에게 반역한 것이기 때문입니다. 여기서 여섯 번째 계명과 일곱 번째 계명을 인용한 것을 통해 야고보가 말하는 〈율법〉이 무엇인지 확실히 알 수 있습니다.

셋째, 마지막으로 야고보는 〈그러니 너희는 자유의 율법에 의해 심판받을 자처럼 말하고 행하라. 이는 긍휼을 베풀지 않는 자에게는 긍휼 없는 심판이 있을 것이며, 긍휼은 심판을 이기기 때문이다〉(12~13절)라고 했습니다. 이 구절은 오늘날 주님의 백성들에게 그리스도인도 〈율법에 의해 심판받는다〉라는 사실을 엄숙하게 경고하고 있습니다. 하나님의 율법은 변함없이 모든 사람에게 행동의 기준이 됩니다. 그리고 성도와 죄인을 포함한 모든 사람은 율법의 저울에 의해 판단 받을 것입니다. 물론, 그것에 의해 우리의 〈영원한 운명〉이 결정되는 것은 아니지만, 분명히 우리가 받을 상과 벌의 분량은 각각 다를 것입니다. 〈상〉이란 말 자체가 율법에 대한 복종을 암시한다는 것은 너무도 명백합니다! 반복해서 말하지만, 여기서 그리스도인이 받는 심판은 그들의 구원과 전혀 관련이 없는 것입니다. 이 심판은 그들이 천국에서 누릴 상급의 분량과 관련된 것입니다. 그리스도인에게 장래에 심판(형벌이 아니라 재판을 의미함)이 있다는 사실을 믿기 어려운 분은 고린도전서 11장 31~32절, 디모데후서 4장 1절, 히브리서 10장 30절 말씀을 깊이 묵상해보기 바랍니다. 이 구절들에서 사용된 헬라어 단어는 야고보서 2장 12절에서 사용된 〈심판〉이란 단어와 같은 것입니다.

여기서 중요한 것은 우리가 심판받을 때 사용되는 율법을 야고보는 〈자유의 율법〉이라고 불렀다는 점입니다. 이것은 당연히 8절의 〈고귀한 율법〉과 같은 것입니다. 그런데 왜 하필 〈자유〉의 율법이라고 했을까요? 그것이 그리스도인을 대상으로 한 것이기 때문입니다. 그리스도인은 두려움이 아니라 사랑 때문에 율법에 복종합니다. (또는 그래야만 합니다.) 진정한 〈자유〉는 오직 하나님께 완전히 복종했을 때만이 누릴 수 있는 것입니다. 야고보 사도가 하나님의 율법을 〈자유의 율법〉이라고 부른 데는 또 다른 특별한 이유가 있습니다. 그의 형제들이 부자들을 존경하면서 〈사람을 차별하는〉 죄를 범하였으며, 이것은 최악의 노예근성을 나타내기 때문입니다. 〈이웃을 사랑하는 것〉은 바로 이러한 노예근성에서 우리를 자유롭게 합니다.

12. 요한일서 2장 6절

신약에서 믿는 자가 율법을 지켜야 한다는 내용의 구절은 아직 많이 있지만, 마지막으로 한 구절만 더 살펴보고 마무리하겠습니다.

> 주님 안에 거한다고 말하는 자는 주님이 행하신 것처럼 자기도 그렇게 행해야 한다. (요일 2:6)

이 구절은 매우 단순하지만 굉장히 중요하고 깊은 의미를 담고 있습니다. 요한은 믿는 자가 그리스도께서 행하신 것처럼 행해야 한다고 말합니다. 그리스도께서 어떻게 행하셨습니까? 주님은 하나님의 율법에 완전히 순종하셨습니다. 갈라디아서 4장 4절은 〈하나님께서 자기 아들을 보내사 여자를 통해 율법 아래 나게 하셨다〉라고 합니다. 시편 40편 8절은 하나님의 율법이 그분의 마음에 있었다고 합니다. 사복음서에 기록된 구세주의 행실은 주님이 율법에 온전히 복종했음을 증거합니다. 그리스도인이 하나님의 영광과 기쁨을 소망하고 그리스도께서 행하신 대로 행하길 원한다면, 그는 반드시 십계명에 따라 자기 행실을 규제해야만 합니다. 그리고 단지 십계명을 따라 자기 행실을 규제하는 것에 그쳐서는 안 됩니다. 그리스도께서는 율법을 〈성취〉하러 오셨습니다. 그래서 주님은 율법이 담고 있는 바를 충분히 드러내시고, 그것의 영적인 의미를 밝히셨으며, 어떻게 삶에 적용하는지 직접 또는 제자들을 통해 보여주셨습니다. 신약에서 더욱 확장된 율법은 하나님께서 처음 인간을 창조하셨을 때 주셨던 도덕적 성품이나 시내 산에서 손가락으로 새겨주셨던 계명과 조금도 어긋나지 않으며, 그것의 권위와 우리의 의무는 전혀 달라지지 않았습니다.

부디 성령님께서 죄로 어두워진 우리의 이해력에 빛을 비춰주사 우리 마음이 온전히 하나님께 드려지고 우리 입술이 진실로 이렇게 고백하게 되기를 소망합니다.

> 주님의 입에서 나온 율법이 제게는 수천의 금과 은보다 낫습니다. 오 제가 주님의 율법을 어찌나 사랑하는지요! 제가 그것을 온종일 묵상합니다. (시 119:72, 97)

출판사 소개

프리스브러리는 Pristine(오염되지 않은)과 Library(도서관)의 합성어로 종교개혁가와 청교도 같은 신앙 선배들이 남긴 믿음의 유산을 보존하고 널리 알리기 위해 설립되었습니다.

한국은 미국 다음으로 많은 신앙 도서가 출간되는 기독교 강국이지만 아직 국내에 소개되지 않은 주옥같은 책이 너무도 많습니다. 또한, 이미 출판되었다고 해도 번역이 난해해서 읽기 어렵거나 판매량이 저조해 절판된 책도 적지 않습니다.

프리스브러리는 엄선된 기독교 고전 작가의 저서 중에서 한 번도 국내에 출판되지 않았거나 절판되어 구하기 힘든 책을 재번역해 〈디지털 소량 출판〉과 〈전자책〉을 통해 비록 판매량이 적더라도 절판되지 않고 언제든 쉽게 찾아볼 수 있게 하고 있습니다.

아울러 장래에는 국내 뿐 아니라 일본, 중국, 동남아 등 다양한 언어로 번역해 전자책으로 만들어 무료로 배포할 계획을 세우고 있으며, 이를 통해 〈선교 한류〉의 붐이 일어나기를 꿈꾸고 있습니다.

이런 프리스브러리의 비전을 함께 이루고 싶으신 분은 새로운 책이 한 권 나올 때마다 격려하는 차원에서 아래 계좌로 1만원씩 후원해주세요. 후원금은 모두 다음 신간의 번역과 출판 비용으로 사용됩니다.

후원 계좌: 씨티은행 533-50447-264-01 (정시용)